AF413541

17 अध्याय
जो कोई यूनिवर्सिटी नहीं पढ़ाती

आर. चतुर्वेदी

Copyright © R. Chaturvedi 2024
All Rights Reserved.

ISBN

Hardcase 979-8-89519-852-0
Paperback 979-8-89519-551-2

अंतर्वस्तु

अध्याय 1   युद्ध 5

अध्याय 2   भावनाओं के ग़ुलाम 9

अध्याय 3   वास्तविक सम्बंध 17

अध्याय 4   आख़िर दुःख क्यों 29

अध्याय 5   वास्तविक आनंद the real pleasure 39

अध्याय 6   धन का महत्व 51

अध्याय 7   दूषित शिक्षा 67

अध्याय 8   विकास या विनाश 77

अध्याय 9   प्रेम 89

अध्याय 10   अतीत और अंत 101

अध्याय 11   निर्णय से निर्माण 109

अध्याय 12   तनाव और बंधन 119

अध्याय 13   मौत से पहले पूर्णता 125

अध्याय 14   जीत और हार 135

अध्याय 15   बदलाव 141

अध्याय 16   कर्म फल 145

अध्याय 17   तुम कुछ कर नही सकते। 161

अध्याय 1

युद्ध

ऐसी कौन सी जगह है जहां युद्ध नही चल रहा, देसों के बीच युद्ध, समाजों के बीच युद्ध, धार्मिक परंपराओं के बीच युद्ध, लोगों के बीच युद्ध, लेकिन अगर आप अपवाद हैं और आप इन सारे युद्धों से बचने में सफल हो जाते हैं, तब आपको मानसिक युद्ध से कौन बचाएगा, इतिहास प्रमाण है बहुत से ऐसे लोग हुए है जो तमाम युद्धों से बचने के बाद, अपने अंतर्मन के युद्ध में बुरी मौत मारे गए, बाज़ार में एक युद्ध चल रहा है, कोई सोचता है मैं बाज़ार से निकल कर हिमालय चला जाता हूँ, लेकिन अब वो दूसरे युद्ध में समिल हो चुका है, युद्ध से बचने का कोई उपाय ही नहीं, अगर किसी ने जन्म ले लिया है तो अब वो रणछेत्र में है, बचने का दूसरा कोई मार्ग नही, अब अगर वो युद्ध से इनकार करता है तो बिना लड़े ही किसी के रथ के नीचे आके या फिर किसी हाथी से टकरा के बुरी मौत मरेगा, युद्ध से बचने का तो मार्ग नही है लेकिन एक मार्ग और भी है जो युद्ध से भागने से श्रेष्ठ है, और वो मार्ग है सत्य के लिए युद्ध करना किसी सही उद्देश्य के लिए जूझना, अब आपके पास दो विकल्प बचते हैं, पहला बिना लड़े कुत्ते की तरह मरना डर डर के दब दब के मन की ज़ंजीरो के ग़ुलाम होके मरना या फिर दूसरा, सारे डर सारी बेचैनी सारी निर्बलता को त्याग कर सान से छाती चौड़ी करके सत्य के लिए मरना, निर्णय आपका है आप कैसे युद्ध का चुनाव करते हैं। हर व्यक्ति जीवन में शांति और आनंद चाहता है लेकिन जीवन के युद्ध से भागता रहता है बिना ये समझे की वो भाग नही सकता और इस ना समझी में वो पल पल मरता

रहता है, जैसे कोई बीमारी हमारे शरीर में हो और हम उसे भुलाने की कोशिश में लग जाएँ, बीमारी को भूलने से उसका दर्द तो जाएगा नही साथ ही वो बीमारी और अधिक बढ़ के हमारी जान भी ले सकती है, इससे अच्छा ये होता की हम बीमारी को समझते और उसका उपचार करके उसे जड़ से मिटा देते। लेकिन सही युद्ध कौनसा है? सही उद्देश्य कौनसा है? सही लक्ष्य क्या है? कई सारे सवाल आपके मन में होंगे लेकिन जीवन के युद्ध में जल्दबाज़ी की कोई जगह नही है, जो योद्धा सालो परिश्रम और साधना करता है वही युद्ध में सबसे आगे चलने के योग्य होता है, जल्दबाज़ी में सिर्फ़ सिपाहियों की भर्ती होती है, सिपाही जल्दी आते है और जल्दी मरते हैं। आइए समझते हैं की यहाँ किस युद्ध की बात हो रही है, क्या आपको कल से तलवारबाज़ी सीखनी है या फिर पहाड़ों में जाके तपस्या करनी है? नही ऐसा नही है बात थोड़ी सूक्ष्म है, युद्ध की परिभाषा क्या है?कोई ऐसी स्थिति जिसमें एक पक्ष दूसरे पक्ष के विचार, कर्म अथवा निर्णय से सहमत ना हो और इस कारण से वो दूसरे पक्ष के विरोध में खड़ा हो' मतलब साफ़ है की युद्ध के लिए दो पक्षों का होना अनिवार्य है, बिना दो पक्षों के युद्ध की कल्पना भी नही की जा सकती। हमें पता है की सबसे बड़ा युद्ध हमारे अंतरमन में चल रहा है, अगर हम अपने आंतरिक युद्ध को जीत लेते हैं तब उसके बाद छोटी लड़ाई आसानी से जीती जा सकती है या फिर उनके लिए लड़ना ही न पड़े, छोटे योद्धा स्वयं ही घुटने-टेक देंगे इसकी सम्भावना अधिक दिखती है। तो आखिर मन का युद्ध है क्या? दो पक्षों का युद्ध में होना अनिवार्य है, मन तो एक ही है हमारे पास लेकिन उसे चलाने वाले हज़ारों लोग हैं जिसकी वजह से मन कई पक्षों में बट जाता है और फिर शुरू होता है आंतरिक युद्ध। वास्तविक मन स्वचालित और सहज होता है लेकिन जब उसकी मालिक हमारी कल्पनाएँ बन जाती हैं तब शुरू होता है द्वन्द। मन एक वाहन है जो स्वचालित (auto) है, इंसान उस वाहन में एक कल्पित (imaginary) ड्राइवर बैठा देता है जो उसकी अंधी

कामनाओं और झूठी इक्छाओं से निकला हुआ है, मन की सहजता को भूल जाने पर, जीवन सच्चाई से बहुत दूर चला जाता है, हम जो हैं, उसे अनदेखा करके, जीवन को झूठे सपनो से भर लेते हैं, जिसके कारण जो बदलाव जो प्रगति हो सकती थी उससे कही दूर चले जाते हैं।

आप रात कल्पना करते हैं की अगर मैं अम्बानी का बेटा होता तो मेरे पास फलानी सुख सुविधा होती नौकर चाकर होते सुंदर लड़की से शादी होती.... लेकिन वास्तविकता में आप चमन लाल के बेटे हैं आप के घर में लाइट नही है, पड़ोसी के कारण आपके घर में लड़ाई चल रही, ये आपके जीवन की सच्चाई है और इसे आप देखते नही या फिर देखना नही चाहते, इस कोरी कल्पना और वास्तविकता के बीच हमारा जीवन लटका रहता है, जीवन में कोई क्रांति कोई उत्सुकता कोई प्रकाश प्रवेश ही नही कर पाता, कभी दुर्घटना बस हमें कोई झगझोरता है और प्रकाश की तरफ़ इशारा करता है तो हम अपनी आँख ज़ोर से मूँद लेते हैं अगर हम एक बार अपने भीतर और बाहर की सच्चाई को ठीक से देख लें और उसे पूरी ईमानदारी के साथ बिना किसी कल्पना के स्वीकार कर लें, तो जीवन में एक नया आयाम नयी ऊर्जा का प्रवेश हो सकता है जीवन में एक नयी क्रांति हो सकती है बस थोड़े साहस और ज़रा सी स्वयं के प्रति ईमानदारी की अवस्यकता है।

अध्याय 2

भावनाओं के गुलाम

हर पल भावनायें हमारे जीवन को चलाती हैं, बिना भावनाओं के इंसान की कल्पना भी नही की जा सकती, इसीलिए जानने वालों ने इस संसार को भावनाओं का सागर अर्थात् भव सागर कहा है, और मोक्ष को, आत्मज्ञान को, भवसागर से पार होना कहा है, भावनायें ही बंधन है लेकिन आज समाज में भावनाओं का ही व्यापार चल रहा, हर जगह आम लोगों को भावुक करके उन्हें ग़ुलाम बनाया जा रहा कभी धर्म के नाम पर हमें भावुक कर दिया जाता है कभी देश के नाम पर कभी जाती के नाम पर और सौ तरीक़ों से हमें भावुक करके ये समाज हमारे साथ खेलता रहता है, लेकिन हम उसकी चालाकियों को देख नही पाते और अपना जीवन नर्क बना लेते है, लेकिन कभी भी emotions की जड़ तक जा कर उसे समझ नही पाते या फिर समझना ही नही चाहते, हर जानवर के भीतर भावनायें होती हैं अच्छी भी बुरी भी, लेकिन इंसान और जानवर में इतना ही फ़र्क़ है की इंसान भावनाओं के खेल को समझ कर उनसे ऊपर उठ सकता है, और जानवर भावनाओं से नही निकल सकता क्यूँकि उसके पास इंसान जैसी चेतना नही है। इंसान के पास चुनाव करने का रास्ता होते हुए भी अधिकांश लोग भावनाओं के पिंजड़े में कैद होके जीते रहते हैं, भावनायें ना तो सही हैं ना ग़लत भावनायें बस प्राकृतिक हैं जैसे भूख, प्यास, शौच क्रिया, लेकिन हमने भावनाओं को सत्य के सिंघासन में चढ़ा दिया है, भावनायें अगर सच की जगह ले लेती है तो इंसान अंधा हो जाता है, उसे सब कुछ दिखना बंद हो जाता है, अगर श्री कृष्ण गोकुल के

लिए भावुक हो जाते तो कभी कंश मरता ही नही, उनके मा-बाप जेल में ही रहते और उसके बाद अगर मा-बाप की भावनाओं में बध जाते तब कभी धर्म की स्थापना नही हो पाती, इसका क्या अर्थ है, क्या श्री कृष्ण भावहीन है?नही उनके भीतर भी सारे भाव है आम आदमी जैसे, लेकिन वो भावनाओं के ग़ुलाम नही हैं, भाव कैसा भी घेरे हुए हो कृष्ण तो वही करंगे जो धर्म के लिए उचित हो और दूसरी तरफ़ धृतराष्ट्र है जो भावनाओं का ग़ुलाम है, चाहे लाखों लोगों के प्राण चले जाएँ फिर भी वो अपने बेटे की बात मानेगा, वो अपने बेटे की भावनाओं में अंधा है इसीलिए धृतराष्ट्र भी अंधा है, और ये अंधकार इतना गहरा होता है जिसकी कोई सीमा नही, जिसके लिए हम भावनाओं में अंधे है चाहे उसकी ही मौत क्यू ना हो जाए लेकिन भावनायें खुदको बचाने में लगी रहेंगी, हर महापुरुष जिसने जीवन के बारे में जाना है जीवन को समझा है, उसने पहले अपने भावनाओं में विजय पाई है, भावनाओं से ऊपर उठने का मतलब जीवन के प्रति जागना है, जगे हुए इंसान को सब कुछ साफ़ साफ़ दिखाई देने लगता है। अगर हम एक औसत जीवन नही जीना चाहते, जीवन में कुछ सार्थक और क्रांतिकारी करना चाहते हैं, खुद को ऊँचा उठाना चाहते हैं तब सबसे पहले हमें भावनाओं को समझ कर उनसे ऊपर उठना होगा अन्यथा हमें mediocrity में ही जीते रहना होगा। जब भी कोई भाव (emotion) उठे उसी वक्त हमें उससे कुछ सवाल पूछ लेने हैं, किसी चीज़ के खो जाने से आप घबरा रहे हैं, आप के भीतर डर का भाव उठे उसी पल आपको स्वयं से पूछ लेना है, क्या कुछ खो जाने से वास्तविक में मेरा कुछ खो जाएगा, किसी दूसरे के खोने से अगर मै ही मिट जाऊँगा तब मै हूँ कहा तब तो कोई दूसरा ही है मेरा अस्तित्व कहाँ है, फिर आप हैरान रह जाएँगे जो भाव आपको डरा रहे थे कुछ सवाल उनके झूठेपन को दिखा देंगे और वो भाव कही दूर भाग खड़ा होगा, एक अच्छा और समृद्ध जीवन जीने के लिए हमें थोड़ा जागना होगा, किसी भाव को रोकना नही है उनको समझना है, उन्हें अहमियत नही देनी है

उन्हें सर पर नही चढ़ाना है, उनकी औक़ात में उन्हें रखना है, जीवन का केंद्र भाव नही बोध होना चाहिए।

मध्य-प्रदेश के इंदौर सहर में आकाश और अंजली नाम के जुड़वा भाई-बहन रहा करते थे, उनके माता-पिता, दोनो के पैदा होते ही अपने बच्चों के भविष्य के विषय में सोचना शुरू कर दिया था, आकाश के मा-बाप का सपना था की वो IIT से इंजीनियरिंग करे लेकिन आकाश को क्रिकेट का बहुत शौख था लेकिन, उसके मा-बाप को रिश्तेदारों के सामने शर्मिंदा होना होगा इसलिए जबरन आकाश को IIT की तय्यारी के लिए दिल्ली भेज दिया, कुछ समय बाद आकाश को IIT में दाख़िला मिल गया और उसने इंजीनियरिंग कम्प्लीट करली, दूसरी तरफ़ अंजली ने भी इंदौर से ही अपनी पढ़ाई पूरी कर चुकी थी, उसी दौरान अंजली को किसी लड़के से प्यार प्यार हो गया उन दोनो के रिश्ते को चार साल बीत गए थे, अंजली ने एक दिन अपने घर वालों को अपने रिश्ते के विषय में बताया लेकिन, उसके मा-बाप ने तय कर रखा था की अपने बेटी की शादी हम अपनी मर्ज़ी से ही करेंगे ये उनका अधिकार है, कुछ दिनो में उन्होंने एक लड़का ढूँढ के अंजली की शादी तय क़र दी, जब अंजली ने इसका विरोध किया तब उन्होंने ज़हर पीने की धमकी दी, अब अंजली भावनाओं के जाल में फँस गई और उसने चुप-चाप विवाह कर लिया...इन बातों को बीते हुए 5साल हो चुके हैं, अंजली का तलाक़ हो गया, जिसकी वजह से अंजली भी और उसके मा-बाप भी बहुत दुखी रहते हैं, आकाश एक मल्टीनैशनल कम्पनी में काम करके भी खुश नही है क्यूँकि जो उसका पैशन था जो उसका टैलेंट था उस रास्ते में उसे चलने नही दिया गया जिस वजह से वो अपने मा-बाप से नाराज़ रहता है, अगर अंजली भावनाओं में नही बहती और जिसके साथ प्यार किया था उसके साथ चली जाती तो सायद आज वो खुश होती, अगर आकाश के मा-बाप ने अपनी भावनाओं को किनारे रख के आकाश की योग्यता और मन को देखा होता

तो सायद आकाश भी खुश होता, आकाश-अंजली के खुश होने से उनके मा-बाप भी खुश होते और अगर किसी कारण बस सब कुछ ठीक नही भी होता फिर भी मन में एक संतोष रहता एक तृप्ति रहती की हमने वो किया जो सही था, हम भावनाओं में बहे नही, फिर परिणाम जो कुछ आया हो वो नियती के हाथ में है…देखा अपने कैसे भावनाओं के खेल में एक परिवार का जीवन नर्क हो गया।

भावनायें रोज़ बदलती रहती हैं आज जिसके साथ प्यार है कल वही दुश्मन बन जाएगा, आज जिस चीज़ को पाने के लिए हम रात दिन दौड़ रहे कल वही चीज़ दो कौड़ी की हो सकती है, कल किसी ने आपको बुद्धिमान कहा आपकी तारीफ़ की वो आपका दोस्त बन गया, आज उसी इंसान ने आपको गाली सुना दी तत्काल आपके भाव बदल गए, उस इंसान को दोस्त से दुश्मन बनने में एक पल भी नही लगा, भावनायें झूठी हैं इसीलिए बदलती रहती हैं, जो झूठा है उसके ऊपर भरोशा नही किया जा सकता, मै ये नही कह रहा भावनायें नही है, मै कह रहा भावनायें हैं तो ज़रूर लेकिन झूठी हैं। हमारी भावनाओं में और सच में बहुत अधिक अंतर होता है, भावनायें कहती हैं मेरा बेटा जीवन भर मेरे पास रहे, उसे कोई कष्ट ना हो, मेरी आँखो के सामने रहे लेकिन, सच बिल्कुल अलग है अगर बेटे को योग्य बनना है ऊँचाई पानी है ज्ञान हासिल करना है तो उसे मा-बाप से दूर जाना पड़ेगा मेहनत करनी पड़ेगी और दर्द भी सहना पड़ेगा, लेकिन जो मा-बाप भावनाओं में बह जाते हैं उनके बच्चे जीवन के युद्ध में बौने ही रह जाते हैं, भावुक इंसान को सब कुछ दिखना बंद हो जाता है उसका विवेक मर जाता है, आपने देखा होगा अगर कोई व्यक्ति किसी की हत्या कर देता है या फिर बलात्कार कर देता है फिर भी उसके मा-बाप उसे बचाने के लिए अपनी जान लगा देते हैं, भावनायें और मोह उन्हें अंधा बहरा बना देता है, दुनिया में जितनी भी हिंसा चोरी हत्याएँ बलात्कार और अपराध होते हैं, अधिकांशतः उन्हें करने वाले वही लोग हैं जिनके परिवार वालों ने उन्हें

कभी चुनौतियों का सामना नही करने दिया, जिन्होंने कभी दर्द और कष्ट नही सहे। जिन्होंने कभी जीवन को समझा नही वो दुनिया की ठोकर को झेल नही पाते और छटपटाहट में आसान रास्तों की तलाश करते हैं, जिसकी वजह से चोरी, हत्याए, नशे की लत और कई तरह के अपराध बढ़ते जाते हैं, जीवन अनेक चुनाओतियो से भरा हुआ है दुनिया हर पल नए युद्ध लेके हमारे सामने खड़ी हो जाती है लेकिन हमें कभी लड़ना सिखाया ही नही गया, हमें कभी महान योद्धाओं की कहानिया नही सुनाई गई, जिन्होंने ने ख़राब से ख़राब स्थिति में लड़ना नही छोड़ा और विजयी हुए, हमें बताया ही नही गया अगर डर सामने हो तो उसके साथ कैसे मुक़ाबला करना है, बेचैनी लालच और हिंसा हमें घेरे हो तब उनका सामना कैसे करना है..हमारा दुश्मन बहुत भयानक और बहुत पुराना है, बिना तय्यारी के हम सब उसके सामने थोड़ी देर भी नही टिक पाते इसीलिए आत्महत्याए और मनोरंजन रोज़ बढ़ते जाते है, कुछ लोग इतना डर जाते हैं और ये मान लेते हैं कि दशमनो से जीता नही जा सकता इसी कारण आत्महत्या कर लेते हैं, दूसरे वो जिन्होंने हार तो मान ली लेकिन अपनी हार को भुलाने का इंतज़ाम कर लिया है, कभी सराब पीकर तो कभी वेबसिरीज देख के तो कभी मंदिर में भजन करके भूले रहते हैं, ये कभी स्वयं को अकेला और होश में नही छोड़ते क्यूँकि इन्हें पता है अगर ये ख़ाली हो गए और होश में आ गए तब इन्हें भी आत्महत्या करनी होगी क्यूँकि इनमे लड़ने का और झूझने का साहस ही नही है। जिसमें साहस और ताक़त नही उसका हारना तय है... स्वयं को जानना ही साहस है और सत्य ही ताक़त। कबीर ने कहा है, 'सूरा के मैदान में कायर का क्या काम, सूरा से सूरा मिले तो पूरा संग्राम' शूरवीरों के युद्ध में कायरों की कोई जगह नही है, कायर वही है जो भावनाओं में बह जाता है, कायर वही है जिसे युद्ध के मैदान में भी अपने स्वार्थ अपना घर परिवार याद आने लगते हैं, ऐसे इंसान के लिए युद्ध में कोई जगह नही है, जीवन के इस युद्ध में केवल शूरवीरों के लिए ही स्थान है जिन्होंने अपना सब कुछ दाव पर लगा

दिया है और मरने के लिए उत्सुक हैं, इन शूरवीरों का एक ही लक्ष्य है, विजय या वीरगति।

भावनायें कई तरह की होती हैं, डर की भावना, नफ़रत की भावना, घृणा और प्रेम की भावना, और भी कई तरह की भावनायें होती हैं, किसी इंसान के लिए आपके भीतर प्यार की भावनायें हैं अब आप उस इंसान के साथ रहना चाहते हैं उसका ख़याल रखना चाहते हैं, उसके लिए आपने कई सपने सजा लिए है लेकिन, उसको कुछ और करना है आगे बढ़ना है जिसकी वजह से उसे आपसे दूर जाना होगा, उसके सपने आपके सपनो से बिल्कुल अलग हैं, अब आपका प्यार घृणा में बदल गया, अब आप उसको देखना भी नही चाहते आपका मन उसकी हत्या कर देना चाहता है। प्यार की भावनायें प्यार नही होती भावनाओं में और सच में बहुत फ़र्क़ होता है, अगर प्यार होता तब आप अपने सपनो और स्वार्थों को पीछे हटा देते और वही करते जो आपके प्रेमी के लिए सही है जिसमें उसकी भलाई है, उसी तरह डर की भावनायें डर नही है लेकिन, हम भावनाओं से ही डरे रहते हैं और कभी उनकी जाँच पड़ताल नही करते, अगर हमने एक बार भावनाओं का अवलोकन करना शुरू कर दिया तब हमें उनके ख़ालीपन और खोखले होने का सबूत मिल जाएगा। किसी ऐसे इंसान से आपकी मुलाक़ात हुई जिसे आप नही जानते हैं लेकिन, आप के दोस्त ने आपको बता दिया की वो इंसान बहुत कमीना है, अब आप उस अनजान व्यक्ति के प्रति घृणा से भर गए जबकी आपको उसका कुछ पता नही, आपका उसके साथ कोई सम्बंध नही है फिर भी जब कभी वो सामने आता है आप नफ़रत की नज़र से उसे देखने लगते हैं, घृणा कि भावनायें आपको जलाती रहती हैं, लेकिन हो सकता है वो इंसान बिल्कुल अलग हो, हो सकता है उस इंसान ने खुद को बदल लिया हो, ये भी हो सकता है सिर्फ़ आपके दोस्त के लिए वो इंसान बुरा हो। मोहम्मद जिन्ना हमारे लिए बुरा है और पाकिस्तान के लिए भगवान, सच को

जाने बिना, आप उस इंसान से दूर भागते रहते हैं उससे मिलना नही चाहते क्यँूकि मिलने से आपका भ्रम टूट जाएगा आपकी नफ़रत मिट सकती है, लेकिन हम अनोखे लोग हैं हम अपने ही मन के बनाए जाल में उलझ उलझ कर मर जाते है और कभी सच को जान नही पाते।

हमें सभी भावनाओं के प्रति समवेदशील होते हुए भी भावनाओं की धार में बहना नही है, जैसे पेड़ हर मौसम का सामना करता है अलग अलग मौसम के मज़े लेता है लेकिन अपनी जड़ को नही छोड़ता, जब तेज हवाए चलती हैं तब पेड़ हवाओं में झूमता है लेकिन हवाओं के साथ उड़ नही जाता, तेज बारिश में भीगता है लेकिन बारिश में बह नही जाता, कड़ी धूप सहता है लेकिन, जल के राख नही होता। मौसम कैसा भी हो पेड़ कभी अपनी जड़ को नही भूलता, लेकिन हम सभी ने अपनी जड़ को भुला दिया है, जितनी भी भावनायें है वो सभी अलग अलग मौसम की तरह हैं, उन्हें देखना है उन्हें महसूस करना है लेकिन अपनी जड़ को छोड़ना नही है, इंसान की जड़ है सत्य। हमें पत्थर नही बन जाना है, अगर सुख की भावना आए तो झूम लेना है अगर दुःख की भावना आए तो सह लेना है लेकिन करना वही है जो सत्य है जो शाश्वत और ज़रूरी है, हमेशा भीतर याद रहना चाहिए की हम भावनायें नही है भावनायें बाहरी मौसम हैं, हमारा सम्बंध मौसमों से नही जड़ से है हमारा अस्तित्व हमारी जड़ में है बाहरी मौसमों में नही, अगर एक बार हम ये बात समझ जाते हैं तब सारे भ्रम सारी चिंताए अपने आप सरणागत हो जाती हैं क्यँूकि परिस्थितियाँ कितनी भी जटिल हों और भले ही भावनाओं ने आपको चारों तरफ़ से घेर लिया हो लेकिन, आप वही करेंगे जो अनिवार्य है जो सही है भावनाओं के साथ बह जाने वालों की दुर्गती हो जाती है और जड़ के साथ जीने वाले हमेशा ऊँचा उठते जाते है।

अध्याय 3

वास्तविक सम्बंध

इंसान के जन्म के साथ ही सम्बंध का जन्म हो जाता है, और मृत्यु तक उसके साथ रहता है, इंसान का मतलब ही है realationship, बिना रिश्ते के इंसान की कल्पना भी नही की जा सकती, दुनिया को हम जानते ही संबंधो से है. आप भगवान में यक़ीन करते हैं मंदिर जाते है ये एक तरह का सम्बंध हुआ, आप नाश्तिक है और मंदिर नही जाते ये एक अलग सम्बंध हुआ, परिवार और समाज से दूर जाके कोई व्यक्ति सोचता है मैंने सम्बंध तोड़ दिया लेकिन अब उसने परिवार और समाज से एक नया सम्बंध बना लिया है पहले से ठीक उल्टा, बाहर के रिश्तों भागा जा सकता है, लेकिन आंतरिक सम्बंध (self relation) से कोई जीते जी कैसे भाग सकता है, एक समृद्ध और आनंदपूर्ण जीवन के लिए स्वस्थ सम्बंध का होना अनिवार्य है लेकिन हम अपने संबंधो को समझ ही नही पाते। आपको कोई परीक्षा देनी है और आपको पता ही नही किस विषय की परीक्षा है किस भाषा में परीक्षा है, वहाँ आप क्या करंगे, हो सकता है आप अचंभित बैठे रहें और कुछ ऐसे ही इधर उधर पेन चला दें और परीक्षा का समय ख़त्म होने के इंतेज़ार में बार बार घड़ी देखें और जौहाइ लेते रहें, लेकिन अगर आपको पता है कौन से विषय की परीक्षा है, आपने उसकी तय्यारी भी करी है और आपको प्रश्नो के उत्तर भी पता हैं तब आप उन्हें पूरा करने में डूब जाएँगे, आपको मज़ा आने लगेगा घड़ी देखने का भी समय आपके पास नही होगा और परीक्षा समाप्त होने के बाद भीतर एक तृप्ति (satisfaction) से आप भरे होंगे, आम आदमी रिश्तों के विषय में कभी जागरूक

नही हो पाता उसे पता ही नही खुद का, और जिसे स्वयं का कुछ पता नही वो देश दुनिया के बारे में कैसे समझ पाएगा आम आदमी अनजान है इस बात से की सम्बंध आख़िर विषय क्या है हमारे हर सम्बंध आधे अधूरे और खोखले होते हैं, इसी कारण हमारे हर रिश्ते में पूर्ण प्रेम (complete love) कभी उतर ही नही पाता, हमारे हर रिश्ते के पीछे जलन घृणा नफ़रत और लालच पीछे छुपे बैठे रहते हैं और आपके रिश्ते की गाड़ी चलाते जाते हैं, यही वजह है हमारे हर रिश्ते में एक बेहुदगी साफ़ झलकती है और अधूरे रिश्ते के साथ जीते हुए हम उसके भद्देपन और घिनौनेपन को छिपा नही पाते, पहले हमें रिश्तों के विषय में जानना होगा उनके प्रति जागरूक और सचेत होना पड़ेगा उनकी गहराइयो में झांकना पड़ेगा तब हम एक कम्प्लीट सम्बंध बना पाएँगे। रिश्ते में पूर्णता (completeness) कैसे लाई जाए क्या इसका कोई मार्ग है? रास्ता तो है और कई बार जानने वालों ने बताया भी है लेकिन आम आदमी अपने छोटेपन अपने अधूरेपन को छोड़ना ही नही चाहता, रास्ता कठिन है लेकिन असम्भव नही है और आम ज़िंदगी जीने से ज़्यादा सुखद उस रास्ते की कठिनाई है, अगर हम अपने माँ-बाप, पत्नी, प्रेमिका, जंगल, पहाड़, देश, दुनिया किसी के साथ एक पूर्ण सम्बंध बनाना चाहते हैं जिसमें कोई टकराव (conflict) कोई तनाव कोई जलन नही, जिसमें केवल प्रेम है शूद्ध प्रेम pure love ऐसे सम्बंध के लिए हमें सबसे पहले स्वयं से पूर्ण सम्बंध बनाना होगा, हम खुद के प्रति ही कही गहरे में ईर्षा जलन स्वार्थ से भरे हैं, और हम इन्हें बिना देखे इनके बोझ में एक मरा हुआ जीवन जीते रहते हैं, जिसमें कोई आज़ादी नही कोई ललक नही कोई आनंद नहीं, लेकिन एक बार हम खुद का अवलोकन करके स्वयं के प्रति जागरूक होते हैं, स्वयं के प्रति ईमानदार होते हैं, कल्पनाओं से ज़्यादा सच को जीवन में जगह देने लगते हैं तब हमारा खुद से एक मज़बूत रिश्ता बनना शुरू होता है और धीरे धीरे एक ऐसा समय आता है जब आप में और 'सच' में कोई फ़र्क़ नही बचता उसे कहते है पूर्ण सम्बंध a complete relationship

जैसे आप जब कोई कपड़े पहनते हैं उस वक्त आपको उनकी याद रहती है लेकिन कुछ समय बाद आपमें और कपड़ों में कोई भेद नही बचता आप और कपड़े एक हो जाते हैं, फिर दुनिया को देखने का, अपने रिश्तों को देखने का आपका नज़रिया ही अलग हो जाता है फिर आप एक पूर्ण सम्बंध को ठीक ठीक देख सकते है और उसे स्थापित कर पाते है।

जे.कृष्णमुर्ती कहते हैं, इतने बीमार समाज के बीच अगर आप स्वस्थ नही रह पाते तब आप रोगी नही हैं, ये समाज ही रोगी है।

आदित्य सिंह नाम के एक व्यक्ती सेल्स मार्केटिंग में नौकरी किया करते थे, वो हर दिन कई लोगों से मिलते उनके चेहरे में एक आत्मविश्वास और मुश्कान बनी रहती, लोग उनसे बहुत प्रभावित होते और चर्चायें करते की आदित्य सिंह जैसी ख़ुशी जीवन में होनी चाहिए लेकिन, आदित्य सिंह लोगों के सामने तो अच्छा अभिनय कर लेते पर अपने आप को धोखा दे पाना कठिन हो जाता, भीतर के दुःख और बेचैनी को किसी से साझा नही कर पाते थे क्यूँकि समाज में जो छवि बनी है वो टूट जाएगी, लोगों का भ्रम बिखर जाएगा, इस बात का डर आदित्य सिंह को सच स्वीकारने से रोकता रहता, जिस किसी इंसान में कोई कमी है दुःख है और चिंता से ग्रस्त है, अगर वो इंसान बस अपने दुःख चिंता और कमी को स्वीकार करने के लिए तय्यार हो जाए तब उसकी सारी परेशानिया स्वयं ही आधी हो जाएँगी, आदित्य सिंह का जीवन दुविधा में फँसा हुआ था उन्हें समाज के सामने अपने झूठ को भी बचाना था और भीतर के दुःख को भी दूर करना था पर दोनो बातें कभी एक साथ घटित नही हो सकती हैं, 'भीगना भी नही है और नदी में नहाना भी है' ये असम्भव है, आदित्य सिंह समाज के सामने अभिनय करते-करते और लोगों को झूठा आत्मविश्वास दिखाते-दिखाते स्वयं से भी झूठ बोलने लगे, मनोविज्ञान कहता है किसी झूठ को बार बार दोहराने से वो झूठ सच लगने लगने लगता है, अब आदित्य सिंह बाहर अट्टहास करते ठहाके लगाते और

पीछे बंडलो सिगरेट पीते, दिन में स्वयं को उत्साहित साबित करते और रात में सो नही पाते, दुविधा की रस्सी खिंचती गई तनाव बढ़ता गया सिगरेट की गिनती रोज़ ज़्यादा होती गई और नींद हर रात कम होती गई, फिर रस्सी टूटने का दिन आ गया 'आदित्य सिंह ने आत्महत्या करली' आदित्य सिंह राजपूत थे अपनी छवि को कैसे मैला होने देते इसीलिए उन्होंने मृत्यु को चुना लेकिन अगर आदित्य सिंह के भीतर थोड़ा भी होश होता, थोड़ी भी ईमानदारी और आत्मज्ञान होता तब वो देख पाते की जिस समाज के सामने वो अपनी छवि को बचाने में लगे हैं वो समाज स्वयं ही रोगी है, समाज स्वयं ही दिन-प्रतिदिन सौ तरह के बंधनो में मरता रहता है, आदित्य सिंह देख पाते की रोगी को झूठ से ठीक नही किया जा सकता, रोग को दूर करने के लिए उपचार चाहिए और उपचार तभी सम्भव है जब सबसे पहले रोगी अपने बीमारी को स्वीकार करे, लेकिन आदित्य सिंह असफल रहे। 'अनंत सिंह' आदित्य सिंह का बेटा मेरा मित्र है जैसे जैसे अनंत सिंह बड़ा होता जा रहा था उसके पिता के सारे गुण उसके भीतर उतरते जा रहे थे, पिता के मृत्यु के बाद तो उसने अपने बाप की बागडोर ही अपने हाथ में थाम ली, आदित्य सिंह ने अनंत को आत्मविश्वास के ऊपर एक किताब पढ़ने के लिए सौंपी थी जिसे पढ़ने के बाद अनंत सिंह भी आत्मविश्वास और खुश होने का अभिनय करने लगा, बाज़ार में चौड़ी छाती करके चलता लेकिन भीतर के खोखलेपन को सह नही पाता, अपने पिता की तरह ही देश दुनिया की बड़ी बड़ी बातें करता लेकिन अपने मन में झाकने का कभी साहस नही करता, हमेशा अपने पिता की तारीफ़ करता की मेरे पापा बहुत खुश आदमी थे पता नही उन्होंने ऐसा क्यू किया, जो धोखा उसके पिता ने समाज को दिया था वही अपने बेटे को भी दे गए थे, अनंत के सारे रिश्ते अधूरे और खोखले थे उन्मे कोई रस कोई प्राण नही था, कुछ कारण बस दो-महीने मुझे उसके साथ रहना पड़ा तब मुझे उसकी खोखली आशाओं और अधूरेपन का पता चला, रात भर अनंत करवट बदलता और

सो नही पाता लेकिन, उसे कुछ समझाना और बताना भी कठिन था क्यूंकि आत्मविश्वास से भरे हुए लोग सच को कहाँ देखते हैं पर कहानी तब बदली जब उसने कमरे में सिगरेट पीना शुरू किया, उस रात मै चुपचाप उसे देखता रहा और उसके पिता की कहानी का अवलोकन करता रहा और अगली सुबह बैंगलोर से कुछ दूर मैसूर के पहाड़ों में उसे घूमने ले गया, वहाँ उसके पिता की पूरी कहानी किसी और के नाम से उसे ही सुना दी, जैसा कि मैंने पहले भी कहा था 'बेटे का धर्म है अपने पूर्वजों की ग़लतियों का अवलोकन करके उसमें बदलाव करे उसे दोहराए नहीं'अनंत को कहानी सुनाने के बाद मैंने उससे कहा, जिस इंसान की मैंने तुम्हें कहानी सुनाई है उस व्यक्ती का बेटा अपने पिता की ग़लतियों को देखने की जगह अपने पिता को अपना आदर्श बनाए बैठा है, और अगर उसने जागने में देर की तब आज नही तो कल उसका भी हस्ल उसके बाप जैसा ही होगा, अनंत को पता था की मुझे सिगरेट के धुए से नफ़रत है फिर भी उसने सिगरेट पीने की हिम्मत की तभी मुझे एहसास हो गया था की वो भीतर से कितना कमजोर और आत्महीन है, हम दोनो मैसूर से अगले दिन लौट आए, उसके बाद मैंने अपने सामने अनंत को कभी सिगरेट पीते नही देखा, उसने झूठा अभिनय और झूठी हँसी को भी छोड़ दिया, लोग उससे पूछते थे इतने गम्भीर क्यू रहते हो तब वो कहता मैंने दूसरों को और खुदको धोखा देना बंद कर दिया है अब तभी हसूँगा जब हँसी में सच्चाई होगी, उसके भीतर एक गरिमा (dignity पैदा हो गयी। मेरे किताब का पहला पाठक वही है, अनंत ने अपने मार्केटिंग और सेल्स की योग्यता को सच के लिए उपयोग करना शुरू कर दिया, मेरे किताब की भी मार्केटिंग उसने ही करी है बिना मेरे कहे, अब अनंत अपने जीवन और काम से संतुष्ट रहता है और बाहर से लड़ना छोड़ के अपने भीतर की कमियों को काटता जाता है, बिना इसकी परवाह करे की दुनिया उसका सम्मान करेगी या नही, मैंने उसे कहा था राजपूत वो नही जो अपनी कमियों को छुपाता फिरे,

राजपूत वो है जो अपनी कमियों को मैदान में सबके सामने काटे, हम सब के भीतर एक राजपूत एक ब्रामहण एक वैश्य और एक शूद्र छुपा हुआ है समय की धारा में उनका उपयोग और उनका त्याग करना चाहिए।

एक पूर्ण व्यक्ती ही पूर्ण सम्बंध बना सकता है, हम सब जन्म से ही आधे अधूरे हैं, बचपन से ही छटपटाते रहते हैं वो छटपटाहट वो बेचैनी पूर्ण होने के लिए है के लिए है, हम अधूरे हैं इसलिए सोचते हैं किसी और अधूरे इंसान के साथ सम्बंध बना के पूरे हो जाएँगे, शांति और आनंद मिल जाएगा, बात तो तार्किक है मॉडर्न युग के लोगों को तार्किक बातें बहुत रोचक भी लगती हैं, लेकिन आप कल्पना कीजिए अगर एक लंगड़ा व्यक्ति किसी दूसरे लंगड़े व्यक्ति को सहारा देने लगे और उससे संबंध बना ले तब उन दोनो का क्या होगा?दोनो लंगड़े एक कदम भी नही चल पाएँगे, गिरेंगे एक दूसरे को कोसेंगे गाली देंगे और अपनी दुर्गती कर लेंगे, पूर्ण स्वस्थ व्यक्ति अंधे और लँगड़ो को भी सहारा दे सकता है, लेकिन विकलांग आदमी किसी और को सहारा कैसे दे सकेगा, हम सभी मानसिक विकलांग हैं लंगड़े है, लेकिन हम अपना उपचार अपना इलाज करने की जगह किसी दूसरे विकलांग व्यक्ति से सहारा लेने लगते हैं, ऐसा करने से वही होता है जो उन दोनो लँगड़ो के साथ हुआ था, कलह पीड़ा बेचैनी और डर, सामाजिक विवाह उसी विकलांगता का एक उदाहरण है, समाज के कुछ वरिष्ठ विकलांग लोग, युवा पीढ़ी के मानसिक विकलांगो का सम्बंध जुड़वाते हैं विहाह करवाते हैं, ऐसे सम्बंध के बाद अगर समाज में घरेलू हिंसा, कलह, आत्महत्या, मानसिक रोग और दुःख ही दुःख दिखे तब हैरानी नही होनी चाहिए, ऐसे निर्जीव सम्बंध के बनने से पैदा होने वाली संतान भी मानसिक रोगों से ग्रस्त और सीमित दृष्टिकोण रखती है, जिसकी वजह से समाज को घातक हानि का सामना करना पड़ता है, समाज के दूषित होने से राष्ट्र दूषित हो जाता है और राष्ट्र के दूषित होने से पूरा ग्रह ही ख़तरे में आ जाता है जिसकी भरपाई करना सम्भव नही होता। अगर एक

तरफ़ कुआँ और दूसरी तरफ़ खाई है तो क्या आप कूद जाएँगे? नही, आप प्रतीक्षा करेंगे सोच विचार करेंगे वहाँ से बचने का मार्ग खोजेंगे क्यूँकि आपको पता है आपका स्थान कुएँ या फिर खाई में नही है, अगर आप वहाँ के होते तब आपका जन्म उनके भीतर ही होता आप कही और के हैं इसीलिए आप रास्ता खोजने की कोशिश करेंगे, लेकिन जीवन और सम्बंधो के निर्णयों में हम अंधी छलांग लगा देते हैं, किसी व्यक्ति से सम्बंध जोड़ कर अपनी बीमारी को देखते भी नही, किसी भी कम्पनी से सम्बंध जोड़ लेते हैं बिना उसको जाँचे हुए की उस कम्पनी की वजह से पर्यावरण और पसु पक्षियों को कितनी छति हो रही है, हम दो पैसे के लिए कोई भी काम शुरू कर देते हैं और विचार भी नही करते की उस काम की वजह से समाज में क्या असर हो रहा, लोगों के ऊपर आपके काम का कितना घटिया प्रभाव पड़ रहा, समाज और सृष्टि को हानि पहुचाने वाले लोग सोचते है हम तो सुरक्षित हैं लेकिन उन्हें खबर नही है की उनका बेटा भी उसी सड़े और मानसिक विकलांग वातावरण में बड़ा हो रहा है, अगर दोनो हाथ में पीने के लिए ज़हर हो उस वक्त ठीक यही होगा की हम इंतज़ार करें हो सकता है कुछ और पीने के लिए मिल जाए या फिर कोई मदद करदे, नही तो ज़हर पीने से अच्छा प्यास से मर जाना है, लेकिन हमारी बिडंबना (परेशानी) ये है की हमें पता ही नही चलने दिया जाता की हमारे हाथों में ज़हर के प्याले हैं और जब पता चलता भी है तब बहुत देर हो जाती है, पता चलने से पहले ही समाज हमें ज़हर पीने के लिए मजबूर कर देता है क्यूँकि उन्हें भी किसी ने किया था..कोई बिरला ही इस जाल को काट पाता है कोई अनोखा व्यक्ति होता है जो स्वयं ही बर्तन के भीतर ज़हर को देख पाता है, अब उस जागे हुए इंसान को अमृत मिले या ना मिले वो ज़हर से बच जाता है और चेतना से बौने समाज के लोगों के ऊपर ये सोच के मुस्कुराता है की बच्चू तुम हमें फ़सा नही सके, तूम्हारी भेड़ चाल से हम बाहर हैं और ये सब उस व्यक्ति के साथ हुआ प्रतीक्षा और विवेक की वजह से, लेकिन दुनिया में प्रतीक्षा का

कोई महत्व ही नही बचा है, घर वाले कहते है जल्दी प्रौढ़ (mature) हो जाओ, समाज कहता है जल्दी सफलता हासिल करो और उस जल्दबाज़ी की शिक्षा में रोज़ प्रतिभाशाली युवा पीढ़ी कुए या फिर खाई में छलांग लगाती रहती है, जल्दबाज़ी और सफलता से अधिक अगर समाज सीखने के लिए प्रेरित करता, जानने और अवलोकन करने की शिक्षा देता तब हर इंसान स्वयं ही अपने रास्ते खोज लेता और आज़ाद उड़ पता,

हमें दूसरों की अंधी नक़ल करने से खुद को रोकना होगा, सैकड़ों लोग मुर्ग़े को मारते है और उसका मांस खाते हैं ये सब देख के आपको लगने लगता है मुर्ग़ा कोई जीव नही बस खाने की चीज़ है जैसे दाल-चावल, आपका मुर्ग़े के साथ एक ग़लत सम्बंध बन गया जबकी मुर्ग़ा उतना ही समवेदनशील है जितना आपके घर का पालतू जानवर, आप अपने पालतू कुत्ते-बिल्ली को दर्द में नही देख पाते इसलिए जब घर के बाहर सड़क के कुत्तों को भी कोई मारता या फिर परेशान करता है आप तुरंत उसका विरोध करते हैं, और उस कुत्ते के दर्द को देख कर पीड़ा से भर जाते हैं, मुर्ग़ा भी वही दर्द झेलता है जितना कोई दूसरा पसु-पक्षी, मुर्ग़ा भी प्रेम चाहता हैं जैसे कुत्ते बिल्ली और बाक़ी के जानवर चाहते हैं, लेकिन हमारे सामने मुर्ग़े को एक व्यंजन बना दिया गया है जैसे कढ़ी पकौड़ा वैसे ही मुर्ग़ा, हमारे भीतर मुर्ग़े और मछली के लिए कोई करूणा ही नही रहने दी गई है, टी.वी में विज्ञापन आता है की मुर्ग़ा आपके थाली में आने के लिए बेताब है, नही sir उसे भी अपनी जान प्यारी है जैसे हमें और हर जीवित प्राणी को अपनी जान प्यारी है, हमारे पास तो ज़ुबान है इसलिए हम चीखने चिल्लाने लगते हैं की हमारे साथ अत्याचार किया जा रहा है, हमारे राइट्स का सम्मान नही किया जा रहा लेकिन जानवरो और पक्षियों के पास ज़ुबान और समझ नही है, उन्मे समझ नही है ये तो प्राकृतिक है, लेकिन अगर हमारे पास समझ और विवेक होने के बाद भी हम किसी दूसरे जीव से करूणा और प्रेम का सम्बंध नही बना सकते तब हमें भी इंसान

कहलाने का कोई हक़ नही है तब हम सभी वही पुराने जंगल के जानवर हैं, बस हमने कोट-पैंट और टाई पहन के स्वयं को धोखा देना चालू कर दिया है, हम कभी अपनी समझ और अपनी बुद्धि का प्रयोग करते ही नही हैं अगर हमें एक तरह की ही बुद्धि मिलती और एक जैसे ढर्रों पे चलना होता, तब हर किसी को अलग-अलग दिमाग़ क्यू दिया गया है? हम ट्रेंड के साथ चलने वाले लोग हैं ट्रेंड को चलाने वाले भी अंधे हैं और उनके पीछे भागने वाले भी, समाज में हर कोई सराब पीकर सनिवार को नाच रहा इसलिए हम पीछे कैसे रह सकते हैं, जो समाज सनिवार को जस्न और हुडदंग मचा रहा वही समाज सोमवार से शुक्रवार तक किसी के जूते भी खा रहा है, वही समाज सबसे ज़्यादा दुःख और तनाव में भी है, वो जस्न इसीलिए मना रहा ताकि हफ़्ते भर जो बॉस के जूते खाए थे उसे भूल सके, अगर हम अंधे बन के नाचने जा रहे, उसकी बेहूदगीको देखे बिना, तब हमें भी लात-जूते खाने के लिए तय्यार रहना चाहिए, पर दर्द और बेज्जती हमें नही चाहिए लेकिन नाचना ज़रूर है, यहाँ बात उदाहरण और संकेतो में हो रही है ताकि सम्बंधो का मामला हर इंसान समझ सके, संकेतो को जीवन की कसौटी में कसना है उदाहरण से चिपकना नही है। सोशल मीडिया के प्रभावी लोग जैसे कपड़े पहन लेंगे जैसे बाल बना लेंगे हम तुरंत उनसे अपना सम्बंध जोड़ लेंगे बिना ये जाने क्या हमें ऐसे कपड़ों की ज़रूरत भी है, क्या हमारे शरीर और वातावरण में पहनना उचित भी है लेकिन, कश्मीर में पैदा हुई लड़कियाँ भी मुंबई की अभनेत्रियों जैसा कपड़ा पहन रहीं हैं बिना ये जाने की मुंबई का तापमान उनके यहाँ से कितना अधिक है, राजस्थान का लड़का गर्मियों में भी जर्सी और मफ़लर डाल के चल रहा क्यूँकि उसका पसंदीदा हॉलीवुड अभिनेता वही पहनता है, ये सब क्या है? यही है अंधा अनुकरण विवेक और समझ का उपयोग किए बिन। जब हम किसी भी दिशा में बढ़ने लगते हैं क्यूँकि बाक़ी लोग उसी तरफ़ जा रहे तब हमें भी उसी खाई में गिरना पड़ता है जिसमें बाक़ी लोग गिरे हैं, लोग

पहाड़ और नदी को दूषित कर रहे इसलिए हम भी करेंगे, दुनिया पैसों के पीछे मरती-जूझती रहती है लेकिन इसलिए हम भी झूझते रहेंगे, दुनिया नौकरी के पीछे जान दे रही इसलिए हम भी देंगे, भीड़ राजनीति करना चाहती है और फ़ेमस होना चाहती है इसलिए हम भी वही करेंगे, लेकिन हम कभी रुक कर ये नही पूछते की हम जिन चीजों के पीछे भागे जा रहे क्या हमें उसकी ज़रूरत भी है, अगर ज़रूरत है तो ये भीड़ हमें बताने वाली कौन होती है हमें भगवान ने चेतना और समझ दी है, हमें किसकी ज़रूरत है और किसकी नही हम स्वयं पता कर लेंगे, क्या बहुत से लोग कोई बात कह रहे हैं या फिर पूरी दुनिया कोई बात मान रही है उससे वो बात सही हो जाएगी? कृष्ण की बात ना तो कौरवों की भीड़ समझ रही है और उनका अर्जुन भी नही समझ रहा कृष्ण बिल्कुल अकेले है, लेकिन क्या किसी के ना मानने से कृष्ण की बात या फिर कृष्ण की गीता ग़लत हो जाएगी, कृष्ण तो वही कहेंगे और वही करेंगे जो वास्तविक में सही है जो सत्य है, भले ही दुनिया के समस्त लोग उनके विपरीत हो। मैंने आज तक जितने भी महान व्यक्तियों को जाना है वो सब भीड़ से बिल्कुल अलग अपनी समझ और अपने आत्मा से उठे सत्य के रास्ते पर चले हैं, चाहे उन्हें अपनी जान ही देनी पड़ी हो, समझदार और ईमानदार इंसान स्वयं के मानसिक रोगों को देख कर ही संबंध बनाएगा, ऐसा सम्बंध बनाएगा जो उसके रोगों का इलाज कर सके उसके दुःख का निवारण कर सके जो सम्बंध उसे स्पष्ठ और सच्चाई दे सके, लेकिन अंधे सम्बंध बिल्कुल उल्टे होते हैं क्यूँकि हमें अपनी बीमारी के विषय में कुछ पता नही उसके लक्षण (symptoms) हम जानते नही और क्यूँकि हम जानते नही इसलिए बीमारी को बढ़ाते जाते हैं, आपको मधुमेय (शुगर) है और आप चीनी खा रहे क्यूँकि सब चीनी खा रहे तब आपका क्या होगा, आपको कैन्सर है और आप सिगरेट पीते हैं क्यूँकि आपका पसंदीदा अभिनेता भी सिगरेट पीता है तब आपकी कौनसी गति होगी आप सोच लीजिए, और यहाँ मै बात शारीरिक रोगों की नही मानसिक रोगों की कर रहा हूँ, आपके हृदय को शांत और

स्वस्थ होने के लिए करूणा, प्रेम चाहिए और मन को स्वस्थ होने के लिए, पूर्णसंबंध, बोध, सच्चा कर्म चाहिए, लेकिन आपने उसे चालाकियाँ, स्वार्थ, और लालच दे दिया, नफ़रत और प्रतिष्पर्धा से उसका सम्बंध जोड़ दिया, अब आपका वही होगा जो कैन्सर के रोगी को सिगरेट पीने से हुआ था, शारीरिक दर्द और कष्ट इंसान सह लेता है लेकिन मानसिक रोग और विक्षिप्त-सम्बंध जीवन भर उसे तड़पाते और नोचते रहते हैं।

इस वक्त आपके मन में बहुत से प्रश्न होंगे, आप जान गए की भीड़ के काम हमेशा सही नही होते, आप समझ गए की कसी से भी प्रभावित नही होना है, प्रभावित होने के पहले अपने मन की और जीवन की जाँच करनी है, अब हमारे सामने सवाल ये है की हम सब कुछ समझ लेंगे, अपने मन को साफ़ करलेंगे, उसके बाद करना क्या है?

इस प्रश्न के विषय में हमें चिंता करने की ज़रूरत नही है, जैसे ठंड के दिनो में दूर तक कोहरे में कुछ दिखायी नही देता लेकिन जैसे ही आप चलना शुरू करते है तब हर कदम के साथ रास्ता साफ़ होता जाता है, अभी ज़रूरत है सिर्फ़ अपने मानसिक रोग के प्रति कदम उठाने की। हम सभी लोगों को स्वक्ष वातावरण और साफ़ सफ़ाई पसंद है, ऐसा कोई भी इंसान नही जिसे कीचड़ में सोना अच्छा लगता हो लेकिन, हम कहीं भी थूक देंगे कही भी कचरा फ़ेक देंगे कही भी गंदगी कर देंगे सिर्फ़ इसलिए क्यूँकि दूसरे भी तो कर ही रहे, हमारा स्वभाव स्वकछता का है नही तो हम शुअर के जैसे कीचड़ में रहते। इंसान को साफ़ सफ़ाई पसंद है इसीलिए उसने जंगल से बाहर आकर साफ़-सुथरे घर बनाए, लेकिन समाज गंदगी कर रहा इसलिए हमने गंदगी से सम्बंध बना लिया, समाज तो बहुत प्यार है उसके साथ ही हमें चलना है, हमें शुद्ध और साफ़ हवाए चाहिए, निर्मल और साफ़ पानी चाहिए, सुंदर वातावरण और साफ़-सुथरे सहर चाहिए लेकिन, हमें नदियों को धर्म-श्रद्धा के नाम पर दूषित भी करना है, हमें ऐसी कम्पनी में काम भी करना है जिसकी वजह से हवाए

ज़हरीली होती जा रही हैं, हमें मांस भी खाना है जो कि जलवायु-परिवर्तन का दूसरा सबसे बड़ा कारण है और ये सब करने के बाद जब हम दूषित पानी पीते हैं दूषित साँस लेते हैं ज़हरीला भोजन करते हैं और कई बीमारियों का सामना करते हैं तब हमें हैरान और अचंभित नही होना चाहिए, ये बात हो गई सरीर की अब मन पर आते हैं, मन को पसंद है शूद्धता और स्वक्छता लेकिन उसे आप दे रहे हैं गंदगी उसे प्रदूषण का सामना करना पड़ रहा, ऐसी स्थिती में उत्पन्न होगा मानसिक तनाव, गाड़ी को चाहिए पेट्रोल लेकिन आप डीज़ल डाल देंगे तब क्या होगा? कुछ देर गाड़ी कष्ट सहेगी फिर रुक जाएगी, मन को चाहिए सफ़ाई और उसे सब कुछ असुद्ध और गंदा दे दिया अब क्या होगा? कुछ देर कष्ट और फिर रुक जाएगा, मन के रुकने का मतलब है कि मन पत्थर का हो जाएगा चेतना सून्य हो जाएगी, इंसान मसीन बन जाएगा हर चीज़ के लिए छिना-झपटी और तबाही मचाएगा, और जब वो चीज़ मिल जाएगी तब उसका उपयोग नही कर सकेगा।

इसी तरह मन को चाहिए शांति और उसे हम दे रहे हैं चालाकियाँ और धुर्थता, मन को प्रेम चाहिए लेकिन हम उसे लालच और स्वार्थ देते हैं, बुद्धि को चाहिए बोध और आत्मज्ञान लेकिन हम उसे बेहोशी देते हैं, कभी नशे की बहोसि कभी पैसों की बेहोशी कभी मनोरंजन और सेक्स की तो कभी पद-प्रतिष्ठा की बेहोशी, प्रकृति और जीवन के अपने नियम हैं शेर मर जाएगा लेकिन घास नही खाएगा शेर का आहार मांस है उसी तरह मन का भी अपना आहार है अगर उसे वो नही मिलेगा या फिर उसकी जगह कुछ दूसरा दिया जाएगा तब मन का मरना तय है बुद्धि के मरने से प्रकृति मर जाएगी, हमें अपने प्राण और जीवन के लिए अपने सारे सम्बंधो को स्वस्थ करना होगा और मन को उसका वास्तविक भोजन देना होगा।

अध्याय 4

आख़िर दुःख क्यों

दुनिया के हर इंसान का अलग विचार है अलग सपने हैं अलग लक्ष्य हैं अलग चाहतें हैं और अलग इक्षाएँ हैं, लेकिन एक चीज़ है जो हर इंसान में समान रूप से मौजूद है और वो है "दुःख"- हम सब दुःख से भरे हुए लोग हैं दुनिया में ऐसा कोई नही जो दुःख से पूरी तरह मुक्त है, हर आदमी किसी न किसी चीज़, व्यक्ति या फिर विषय को लेके दुखी रहता है, समाजिक परम्परा ने कुछ ऐसे नियमो का निर्माण किया है जिनपे चल कर इंसान जीवन भर दुःख से भागता रहता है, एक दुःख को छोड़ के दूसरे दुःख को पकड़ता है और फिर दुःख में ही मर जाता है, लेकिन कभी भी दुःख का सामना नही करता, अगर दुःख इतना बुरा होता, अगर दुःख हमार दुश्मन होता तब ईश्वर दुःख का निर्माण नही करता, दुःख को दुश्मन मानना ही गहरे दुःख का कारण बन जाता है, जानने वालों ने कहा है अगर इंसान रोते हुए दुःख में जन्म लेता तब ये स्वाभाविक है, लेकिन दुःख में ही उसकी मौत हो जाए तब ये इंसान का दुर्भाग्य है, दुःख हमारा दुश्मन नही है, दुख से दूर भागना हमारी भूल है लेकिन मानवता का पूरा ढर्रा ही दुःख से भागने के शिक्षा देता है, बचपन में जब कोई बच्चा रोता है तब उसे खिलौने दे कर चुप कर दिया जाता है और यही प्रक्रिया ज़िंदगी भर उस बच्चे के साथ चलती है, जवानी में उसी बच्चे को जब दुःख घेर लेता है तब समाज उसे बड़े खिलौने पकड़ा देते हैं जैसे नौकरी इक्षाएँ और सपने, इन सब से बच्चा थोड़े समय के लिए दुःख को भूल जाता है लेकिन भीतर दुःख अधिक गहरा हो जाता है, वही बच्चा जब बूढ़ा हो जाता है तब आदर्शवादी लोग उसे मंदिर में

बैठा देते हैं। जपने के लिए माला पकड़ा देते हैं जिस वजह से भीतर दुःख और अधिक बढ़ जाता है, जब मौत आती है तब इंसान जन्म से भी अधिक अतृप्त और दुखी मरता है, वजह सिर्फ़ एक ही है की इंसान हमेशा दुःख को दुश्मन मान कर भागता है दुःख से बचता है दुःख से डरता है जिस कारण से दुःख के विषय को जान नही पाता, जिसे हम जान नही सकते उससे कभी आज़ाद नही हो सकते, जिससे हमें आज़ाद होना हो जिससे हमें मुक्त होना हो तत्काल उसे जान लेना चाहिए।

अभी तक दुनिया में जो कुछ भी महान मौजूद है जो कुछ भी ऊँचा से हुआ है जो कुछ भी सर्वश्रेष्ठ है उन सब के पीछे दुःख का ही योगदान है, अगर इंसान को कोई दुःख नही होता तब कोई भी ऊँचाई की तरफ़ नही बढ़ता, अगर हमें कोई दुःख नही होता तब ऊँचे ग्रंथ नही लिखे जाते, अगर दुःख नही होता तब संतो और ऋषियों की कोई ज़रूरत नही थी, अगर दुःख नही होता तब किसी ऊँची प्रतिभा का जन्म नही होता, बिना दुःख के कोई माहापुरुष इस धरती में पैदा नही हो सकता, बिना दुःख के ईश्वर की भी कोई ज़रूरत रहती, सम्पूर्ण ऊँचाई का करान दुःख है। दुःख की आग में जल कर साधारण आदमी तक महापुरुष बन जाता है, दुःख को पहचानने के बाद उससे गुजरना ही इंसान को महान बना देता है, दुःख ही है जो हमें हमारी संभावनाओं की उचाइयों तक पहुँचाता है, सिद्धार्थ के पास दुनिया में मौजूद सारी क़ीमती चीज़ें थी फिर भी उन्हें गहरा दुःख था, जिसकी वजह से वो भगवान बुद्ध बन गए। श्री राम ने झूठे सुख को छोड़ कर सच्चे दुःख के रास्ते में चलने का निर्णय किया जिसके कारण वो युगांतर तक अमर हो गए, शेक्सपीयर, विन्सेंट ये सब अत्यंत दुखी लोग थे लेकिन इनकी किताबें और चित्रकारी आज भी प्रेरणा का स्रोत है, मै भी अपनी हालत देख कर बहुत दुःख से गुजर रहा था, चारों तरफ़ से झूठ के जाल में फँस कर अकेला तड़प रहा था, जहां कोई सुनने वाला भी नही था जिसकी वजह से हर पल दम घुटता रहता, उसी दुःख के बीचो-बीच पहली

बार मैंने कलम उठाई थी और धीरे धीरे उसी कलम से सारे जाल काटता गया और आज भी काट रहा हूँ, भीड़ से अलग अकेले चलने का साहस उसी दुःख ने दिया, उसी दुःख ने सारे बंधन काट कर आज़ादी दे दी, जो साहसी हैं जो जिज्ञासा से भरे हैं दुःख उनके लिए सौभाग्य है और जो कमज़ोर, डरे हुए लोग हैं दुःख उनकी मौत है।

दुःख हमारा दुश्मन नही है लेकिन दुःख से भागते-भागते हम अपने सहज स्वभाव को भूल कर अपना जीवन नर्क़ बना लेते है।

देहरादून में निती नाम की एक लड़की थी बचपन से ही निती बहुत ख़ुशमिज़ाज और शरारती थी उसे चित्रकला का सौख था, निती हमेशा अपने सहज स्वभाव में मस्त रहने वाली लड़की थी, कभी बारिश में भीगती तो कभी पेड़ों से बातें करती और बाक़ी समय में चित्रकलाएँ बनाती, लेकिन समाज और समय जल्द ही इंसान की मासूमियत छीन लेते हैं, जैसे जैसे निती बड़ी हो रही थी उसी के साथ समाज झूठी ज़िम्मेदारियों का बोझ उसके सर पे लाद रहा था, विश्वविद्यालय की शिक्षा पूर्ण करने से पहले ही निती समाज के बनाए जाल में फँस चुकी थी, जो चेहरा हमेशा खिला हुआ रहता था अब मुरझाने लगा था, निती चित्रकारी को भी भूल गई थी जो उसका जुनून हुआ करता था, जिन साधनो के साथ 23साल उसने मौज में बिना किसी दुःख के बिताए थे आज उसे सब कुछ कम लगने लगा, समाज ने निती को बता दिया था की अगर सहर में उसका घर नही है तब उसे खुश होने का कोई अधिकार नही है, समाज ने बता दिया था की तुम तभी खुश हो सकती हो जब तुम्हारे पास फ़लानी नौकरी होगी, जब तक तुम वो सारी चीज़ें नही इकट्ठा करती तब तक समाज तुम्हें खुश नही मानेगा, निती महत्वाकांछि होती गई उसने समाज के बताए रास्तों को अपना लक्ष्य बना लिया, झूठे सपनो को पाने के लिए दिन रात मेहनत करने लगी, जैसे-जैसे दिन बीतता गया निती और अधिक दुःख बेचैनी से भर गई, निती समाज के सामने स्वयं को साबित करने

में इतनी व्यस्त हो गई, उसे सड़क में चलते हुए पेड़ भी नही दिखते थे और न तो बारिश का ख़याल रहता था, जो कुछ निती के जीवन का सहज आनंद था उन सब को भुला कर वो अंधी इक्षाओं के पीछे दौड़ती रहती, एक कम्पनी से दूसरी कम्पनी बदलती प्रमोशन के लिए अत्यधिक मेहनत करती, बाहर की चीजें बढ़ती गई और भीतर से खोखली होती गई, तनाव चिंता बेचैनी बढ़ता ही गया क्यूँकि उसके जीवन को जिस चीज़ की प्यास थी उन सबको उसने पहले ही पीछे छोड़ दिया था और उनकी जगह झूठे लक्ष्य खड़े कर दिए थे, कई सालो से निती हँसना भूल गई थी लोगों के सामने झूठी हँसी दिखाते-दिखाते उसका पूरा चरित्र झूठ से भरने लगा था, निती स्वयं को दुनिया के सामने साबित करने की दौड़ में इतनी व्यक्तिगत हो गई थी की उसे अपने गुणो का भी ख़याल नही था। एक दिन काम के सिलसिले में निती दिल्ली जा रही थी रास्ते में उसकी गाड़ी ख़राब हो गई, उस जगह के आस-पास कोई बाज़ार भी नही था, निती मदद के इंतज़ार में वहाँ खड़ी थी तभी एक व्यक्ति ने अपनी car निती के सामने रोक दी उस आदमी का नाम 'दीपक'था। दीपक ने निती की मदद की और उसे नज़दीकी सर्विस सेंटर में पहुँचा दिया, निती की गाड़ी ठीक होने में समय जादा लग रहा था और उसे जल्द से जल्द दिल्ली पहुँचना था जिसकी वजह से उसने दीपक से सहायता माँगी, दीपक ने बहुत विनम्रता से निती को हाँ कहा और दोनो दिल्ली की तरफ़ निकल गए, रास्ते में दोनो की जान-पहचान हुई, निती ने दीपक से उसके काम के बारे में पूछा? दीपक ने बताया कि वो एक ग़ैर-लाभकारी संस्था चलाता है जो की देश भर के बच्चों की प्रतिभा को पहचान कर उन्हें आगे बढ़ने में और एक खुशहाल जीवन जीने में मदद करती है, निती हैरान होकर दीपक से पूछा की तुम्हारा इसमें क्या फ़ायदा है तुम्हें क्या मिलता है? दीपक ने कहा की फ़ायदे का पता नही लेकिन तृप्ती पूरी मिलती है, अगर किसी वजह से अपना काम नही कर पता उस दिन भले ही पेट भरा हो, पैसे भी पर्याप्त हों, उसके बाद

भी चैन की नींद नही आती लेकिन जिस दिन अपना काम पूरा करता हूँ लोगों की सहायता कर पाता हूँ उस दिन भूखे पेट भी मौज रहती है, एक ऐसी ख़ुशी अंदर बनी रहती है जिसको कह पाना सम्भव नही है, बचपन से ही दीपक का स्वभाव ऐसा ही था उसी सहज स्वभाव को उसने अपना लक्ष्य बना लिया था जिसकी वजह से उसका जीवन तृप्त और आनंद से भरा था, बात करते-करते कब दोनो दिल्ली पहुँच गए पता भी नही चला, दीपक देश के कोने-कोने में बच्चों के लिए प्रतियोगिता का आयोजन करता था उसका अगला प्रोग्राम दिल्ली के नज़दीक एक गाव में था जिसे एक हफ़्ते बाद शुरू होना था, दीपक ने निती को निमंत्रित किया और फिर उसको उसकी जगह में छोड़ कर आगे निकल गया। निती अपना काम ख़त्म कर के देहरादून वापस लौट गई लेकिन लगातार दीपक की बातें, उसका खिला हुआ चेहरा, निती के मन में सवार रहता था, उसे यक़ीन नही हो रहा था कोई इतनी मौज में कैसे हो सकता है, निती का मन काम में भी नही लग रहा था वो दिन भर घर में ही पड़ी रहती, निती की माँ को लगने लगा की उसकी तबियत ख़राब है और उन्होंने फ़ैमिली-डॉक्टर को बुला लिया, डॉक्टर ने जाँच करने के बाद कहा की निती पूरी तरह से स्वस्थ है बस तनाव की वजह से उसका कही मन नही लग रहा और उसे घूमने की सलाह दी। निती की मम्मी ने भी उसे कही बाहर घूमने के लिए कहा लेकिन वो चुप-चाप बैठी रही, आधी रात निती को दीपक के दिए हुए निमंत्रण की याद आ गई और तत्काल उसे फ़ोन कर के लोकेशन पूछ लिया और अगली सुबह वहाँ के लिए निकल गई। दिल्ली से 200किलोमीटर दूर एक गाव जहां बड़े से मैदान में कई सारे टेंट लगे हुए थे जिसके बीच बहुत से बच्चे मौजूद थे, दीपक निती को देख कर बहुत खुश हुआ और उसे गाव के लोगों से मिलाने लगा फिर उसे प्रतियोगिता के विषय में बताया, हर टेंट के सामने कई सारे कला-कृत के सामान रखे हुए थे, जैसे गिटार, तबला, बांसुरी और चित्रकलाओं की वस्तुएँ मौजूद थी, कोई

बच्चा अपने सहज गुणो की वजह से गिटार में ही लगा रहता, कोई बच्चा चित्रकलाएँ बनाने में, कुछ बच्चे खेलने में मस्त रहते और कोई बच्चा संगीत सुनते ही नाचने लगता, हफ़्ते भर के अध्यन से दीपक हर बच्चे की प्रतिभा पहचान लेता और फिर उन्हें आगे बढ़ने में मदद करता। मल्टीनैशनल कम्पनी में काम करने वाला इंसान भी छुट्टियों की राह देखता है अपने काम के प्रति उसका कोई प्रेम नही होता, केवल समाज की वाह-वाही उसे काम के लिए मजबूर बनाए रखती है, दीपक बच्चों को ऐसे काम में लगाना चाहता था जिसे दिन-रात करने के बाद भी उनका मन न भरे, ऐसा काम जो मजबूरी नही प्रेम हो, जिस तरह उसने अपने लिए ऐसे काम का चुनाव किया था जिसे वो बिना पैसों के भी कर के सुख पाता था ठीक उसी तरह दीपक जादा से जादा बच्चों को सही दिशा में लगाना चाहता था, निती दीपक की बातों से प्रभावित भी थी और हैरान भी, चित्रकारी की चीजें देख कर निती को बचपन के दिन याद आने लगे और वो भी बच्चों के साथ पेंटिगस बनाने लगी, देर रात तक जग कर अगले दिन की तय्यारी करती और सुबह से बच्चों को पेंटिगस सिखाने में व्स्त हो जाती, एक दिन पेंटिग करने में निती इतना खो गई की उसे खाना भी याद नही रहा, जब दोपहर बीतने लगी तब दीपक उसे बुलाने पहुँच गया, दीपक ने निती से खाने के लिए आग्रह किया तब निती को होश आया और वो दीपक से छमा माँगते हुए कहने लगी की उसे खाने-पीने का ख़याल ही नही था, तभी दीपक ने निती से व्यंग करते हुए बोला की मैंने तो पहले ही कहा था जब हम प्रेम से भरा हुआ काम करते हैं तब भूख और प्यास याद नही रहती, निती सोच में पड़ गई उसे जो ख़ुशी आज मुफ़्त में अनुभव हुई थी इसके पहले लाखों खर्च करने के बाद भी शांति और प्रसन्नता नही मिल सकी थी। आयोजन ख़त्म होने के बाद दीपक और निती अपने-अपने घर लौट गए, लेकिन निती अब पुरानी निती नही थी उसके भीतर एक बदलाव एक स्पष्ठा का जन्म हुआ था, कुछ समय बीतने के बाद निती ने निर्णय किया की अब वो

किसी झूठे सपनो के पीछे नही भागने वाली, उसने समाज की नज़र में स्वयं को साबित करना बन्द कर दिया और दीपक की संस्था में उसकी मदद करने लगी, दोनो देश के कोने-कोने में घूमते और संस्था के काम को आगे बढ़ाते, निती और दीपक ने विवाह कर लिया और साथ में उचाइयों को छूने लगे, कुछ दिन पहले मुझे उन दोनो से मिलने का मौक़ा मिला जिसके बाद निती ने अपनी कहानी मुझे सुनाई।

सच्चा दुःख हमारे जीवन को आनंद से भर देता है, सच्चा दुःख हमारी आंतरिक ताक़त को बढ़ाता है, दुःख हमें ऊँची चुनौतियों के सामने खड़ा कर देता है जिन चुनौतियों को पार करने के बाद इंसान के अंदर गरिमा का जन्म होता है, लेकिन दुःख से भागने पर दुःख को छुपा लेने से हमारा जीवन टुकड़ों में बट जाता है, अगर जीवन दुःख से भरा हुआ है तब साफ़ समझ लेना चाहिए कि आप घटिया ज़िंदगी जिए जा रहे हैं, दुःख हमारा मित्र है दुःख सबूत है की जीवन में सुधार की ज़रूरत है और जीवन को बदलने की ज़रूरत है। जब तक जीवन को नर्क़ बनाने वाली चीजें मौजूद रहेंगी, जब तक कुछ ऐसा रहेगा जो हमें बंधन में डालता है हमें ग़ुलाम बनाता है तब तक दुःख अनिवार्य रूप से उपस्थिति रहेगा। आपके घर को दुश्मनो ने चारों तरफ़ से घेर लिया है, आप गहरी नीद में हैं आपको पता भी नही की बाहर दुश्मन घात लगाए बैठे हुए हैं, दुःख संदेशवाहक है दुःख एक दूत है जो आपको झगझोरता है जो बाहर खड़ी समस्या के विषय में आपको बताता है, जब तक दुःख महसूस हो रहा है तब स्पष्ट है की दुश्मन अभी बाहर ही है, आप सोच रहे होंगे की दुश्मन आख़िर है कौन? दुश्मन है कमजोरी, दुश्मन है बंधन, दुश्मन है घटिया जीवन, दुश्मन है व्यर्थ की चीजों से चिपकना, कुछ मिट जाने का डर दुश्मन है, स्वयं को जाने बिना बाहर की चीजों के लिए लालच ही दुश्मन, सुरक्षित ज़िंदगी दुश्मन है। ...अनगिनत दुश्मन घर के बाहर खड़े हैं और योद्धा नीद में है, ज़ादातर लोग तो नीद में ही मर जाते हैं उन्हें जीवन का पता ही नही चलता लेकिन दुःख इतना

दयालु है की हमें हर समय जगाने की कोसिस करता है, कुछ लोग नींद से उठ भी जाते हैं मगर अपने संस्कारों की वजह से दुःख को ही अपना शत्रु समझ कर उससे लड़ने लगते हैं, उसी के साथ झूझने लगते हैं, असली दुश्मनो को जानने से पहले ही उनकी मौत हो जाती है, दुःख का एक नियम है जब तक दुश्मन हैं तब तक दुःख है और जिस दिन सारे दुश्मन मर जाएँगे उसी दिन दुःख भी मर जाएगा, जब आपके घर के बाहर शांति होगी आपके राज्य में सब सही चल रहा होगा तब राजदूत का कोई काम नही बचेगा, अगर एक भी दुश्मन घर के बाहर है तब दुःख को आने से कोई रोक नही सकता, दुःख को मिटाने का एक ही रास्ता है दुश्मनो को मिटा दो। जिसको लगता हो की उसके जीवन में अत्यधिक दुःख है उसे जान जान लेना चाहिए की बाहर दुश्मनो की फ़ौज खड़ी हुई है, जो हर पल उसके घर को मिटाने का काम कर रही है, दुःख जब हमें बताने आता है की बाहर ख़तरा है तब हम दुःख से बहस करने लगते हैं, दुःख को दोषी मानने लगते हैं, और जब दुःख को नही मिटा पाते तब अपनी आँखें बंद कर लेते हैं, दुःख को भूलने के सौ-इंतज़ाम खड़े कर लेते हैं कभी नशा करके तो कभी मनोरंजन की आण में कभी सेक्स और कभी पैसे-रुपए के पीछे छुप कर लेकिन कुछ भी करने से दुःख समाप्त होने वाला नही है। अगर शरीर के अंदर बीमारी होती है तब उसके लक्षण (symptoms) बाहर दिखने लगते हैं, इंसान इतना मूर्ख है की लक्षणो से लड़ता है, लक्षणो का इलाज कराता है लेकिन अंदर की बीमारी को नही देख पाता, दुःख बीमारियों का सिम्टम हैं, जिस दिन अंदर की बीमारी ठीक हो जाएगी उसके बाद लक्षण दिखने का कोई सवाल ही नही उठता। कभी-कभी कोई बुद्धिमान आदमी नींद से जागने के बाद दुखों को गौर से देख कर उसके इशारों को समझता है, तब उसे असली दुश्मनो का पता चल जाता है जिसके बाद वो आदमी युद्ध की तय्यारी करता है हथियार तय्यार कोरता है युद्ध की योजनाएँ बनाता है और फिर बिना देर किए रणभूमि में कूद जाता है। दुःख के इशारे को समझ

कर असली दुश्मनों से लड़ना ही, आम आदमी को भी महापुरुष बना देता है, शायद शत्रुओं से लड़ते हुए आपकी मौत हो जाए लेकिन उस मौत में भी एक आनंद एक गरिमा होगी और अगर जीत गए तब परम-आनंद के साथ-साथ दुनिया में खेल दिखाने का अवसर…और दूसरी तरफ़ दुःख से भागते हुए, दुःख से लड़ते हुए, दुःख से डर-डर के घटिया जीवन जीते हुए बुरी मौत मर मरना। दुःख से भागने की आदत जीवन की अनंत संभावनाओं को सीमित कर देती है लेकिन, दुःख का स्वीकार और फिर अपनी कमज़ोरियों के प्रति विद्रोह हमारे सामने अपार संभावनाओं को प्रगट कर देता है। दुःख के आगे चौड़ी-छाती करके खड़े होने वाले लोग महान बन जाते हैं और दुःख को पीठ दिखाने वाला इंसान नपुंसक।

दुःख अच्छा-बुरा नही होता, दुःख का ग़लत उपयोग हमारे लिए ज़हर है और दुःख का सही उपयोग मुक्ति का रास्ता है। हम जिन्हें अपना समझते हैं हम जिनको पाने के लिए दिन रात मेहनत करते हैं, जिसके लिए दिन भर मन ललचता रहता है, उन सब की व्यर्थता को जानने पर हमारे मन को दुःख घेर लेता है, उसके बाद ही हम सत्य की तरफ़ कदम बढ़ाते हैं दुःख ही हमें व्यर्थ चीजों से मुक्त होने के लिए प्रेरित करता है दुःख ही हमें कहता है की बहुत हुई घटिया ज़िंदगी अब और नही, दुःख वो है जो कमजोर इंसान को भी क्रांतिकारी बना देता है।

अध्याय 5

वास्तविक आनंद the real pleasure

दुनिया का हर इंसान सुख और संतुष्टि (fulfillment) चाहता है, आदमी जो कुछ भी करता है उस

के पीछे सुख की ही इक्षा होती है, इंसान के सपने, अपेक्षायें, लक्ष्य और मेहनत सब के पीछे एक ही वजह है, इंसान किसी तरह तृप्त और सुखी होना चाहता है, किसी को लगता है अगर वो अपने इक्षा के अनुसार पैसे इकट्टे कर लेगा तब वो संतुष्ट हो जाएगा, किसी को लगता है उन्हें मनपसंद स्त्री/पुरुष मिल जाएँगे तब वो सुखी हो जाएँगे, किसी को प्रधानमंत्री के पद में संतुष्टि दिखती है, कोई सोचता है घर थोड़ा बड़ा हो जाए फिर सब कुछ ठीक हो जाएगा, किसी को विदेश में सुख दिखाई देता है और भी सौ तरीक़ों से इंसान सुख और संतुष्टि की तलाश करता है। एक घर से दूसरा घर, एक नौकरी से दूसरी नौकरी, एक स्त्री/पुरुष से दूसरे स्त्री/पुरुष, टाटा-अल्टो से BMW, एक सहर से दूसरे सहर, विधायक से प्रधान मंत्री, लेकिन फिर भी हाथ ख़ाली के ख़ाली, दुनिया में कुछ ऐसे लोग भी हुए हैं जिन्होंने वो सब हासिल किया जो कुछ पृथ्वी में सबसे अधिक क़ीमती और महँगा है उसके बाद भी उन्हें अतृप्त और दुखी ही मरना पड़ा।

बहुत समय पहले की बात है एक आंतरिक्ष यात्री जिसका नाम 'पृथ्वी' था यात्रा में निकला हुआ था, हमारी आकाशगंगा (galaxy) से करोड़ों प्रकाश-वर्ष दूर किसी दूसरे सौर्य-मंडल के एक ग्रह में फँस गया, वो ग्रह रेत का ग्रह था,

जैसे हमारे सौर्य-मंडल में बृहस्पति गैस से बना हुआ ग्रह है। जिस ग्रह में पृथ्वी भटक गया था वहाँ की प्रकिति में रेत के अतिरिक्त और कुछ नही था, थोड़ा बहुत पृथ्वी के पास अपना पानी था लेकिन कुछ दिनो में ही ख़त्म हो गया, कड़ी धूप, रेत के मैदान, रेत के पहाड़ और रेत के टीले, इन सब के बीच पृथ्वी की प्यास बढ़ती गई, और वो पानी की तलाश में निकल पड़ा। कभी उसे, चमकीली रेत को देख के भ्रम हो जाता की आगे पानी का तलाव है लेकिन वहाँ पहुचने पर उसके हाथ लगती सिर्फ़ रेत, कभी-कभी चलते हुए वो किसी थोड़े कम गरमिले स्थान में पहुँच जाता और बहुत खुश होता, उसकी आशाएँ, इक्षाए और अधिक बढ़ जातीं उसकी उम्मीद फिरसे ज़िंदा हो जाती, पृथ्वी फिरसे लक्ष्य बनाता मोटिवेशनल गुरुओं की बातें याद करता और फिर पानी की तलाश में निकल जाता, लेकिन पृथ्वी एक ऐसी खोज में था जो वहाँ है ही नही, उसे कोई बताने वाला भी नही था जो उसे समझा पाए कि वो एक ग़लत चीज़ के लिए भटक रहा, पृथ्वी को हर कोसिस के बाद हार का सामना करना पड़ता लेकिन उसके शिक्षकों ने उसे सिखाया था कि अगर तुम किसी चीज़ को हासिल करने में असफल हो रहे हो तब तुम्हारे भीतर ही कुछ कमी है, प्रत्येक नाकामी के बाद पृथ्वी की सपने और बड़े हो जाते, इक्षाए, आशायें और और अधिक हो जातीं और पृथ्वी अपने लक्ष्य को पाने के लिए निकल जाता, हमें ये तो सिखाया जाता है की लक्ष्य को किसी भी हालत में प्राप्त करो लेकिन, ये कोई नही बताता की लक्ष्य सही है भी या नही। एक दिन पृथ्वी अपनी सभी आशाओं और इक्षाओ के साथ दौड़ता हुआ रेत के तूफ़ान में कहीं खो गया।

दुनिया का हर इंसान प्यासा है, हर आदमी के भीतर एक बेचैनी, तड़प, अतृप्ति भरी हुई है, हम सब अपनी प्यास बुझाने के लिए दर-दर भटकते रहते हैं, लेकिन हम इंसानो को पानी की प्यास नही हैं अन्यथा पूरी दुनिया बहुत पहले संतुष्ट और सुखी हो गई होती, रेत में फँसे उस यात्री का सौभाग्य था क्यूंकि वो

जानता था उसको पानी की प्यास है और दुःख की बात ये थी की उसे कोई बताने वाला समझाने वाला नही था की उस ग्रह में रेत के अलावा और कुछ नही। हम इंसानो का दुर्भाग्य है की हमें पता ही नही की हमारी वास्तविक प्यास क्या है, लेकिन सौभाग्य ये है की यहाँ हमें बताने वाले हमें समझाने वाले हमें जगाने वाले लोगों ने जन्म लिया है, ऐसे लोग हुए हैं जिन्होंने ने अपनी प्यास बुझाई है और तृप्त हुए हैं, उन्होंने प्रेम के कारण हमारे लिए अपने वचन, अपनी पुस्तकें, अपने साहित्य रख के छोड़ गए हैं, लेकिन हम इंसानो के सपने, इक्षाएँ, आशाएँ इतनी गहरी हैं कि हम कभी उन महापुरुषों की आवाज़ सुन ही नही पाते, वो महान और सच्चे लोग दिन रात हमें आवाज़ लगते रहते हैं, लेकिन इंसान ये कह के आगे निकल जाता है की उसके सपने बहुत बड़े हैं, उसे अभी अपने लक्ष्य को हासिल करना है। इंसान छोटे-बड़े जो भी काम करता है जो भी निर्णय करता है उसके पीछे एक वृत्ति (tendancy) छुपी रहती है, जो हर निर्णय और इक्षाओ के पहले उसे विश्वास दिलाती है की अगर उसने वो काम कर लिया तब उसकी प्यास बुझ जाएगी। हमारे पैदा होने साथ ही आंतरिक प्यास का भी जन्म हो जाता है, एक छोटा बच्चा भी लगातार व्याकुल रहता है कभी कुछ पकड़ने की कोशिश करता है हाथ पैर चलाता रहता है चारों तरफ़ देखता है, कभी चिढ़ जाता है कभी हँसता है कभी रोता है, दुनिया में किसी दूसरे जनवार का बच्चा इतना अधिक व्याकुल और परेशान नही होता सिवाय इंसान के, ये सबूत है की हम इंसान जन्म से ही अतृप्त और प्यासे हैं। बच्चा छोटा है अभी उसकी बद्धी और समझ का विकाश नही हुआ है इसलिए वो व्याकुल है लेकिन, जो अपने आप को विकसित, समझदार और पढ़ा-लिखा बताता है, जिसने विशाल जंगल काट के शहर बना दिए, जिस इंसान ने हवाई जहाज़ और परमाणु हथियार बना दिए, जो इंसान सभी जानवरो से खुद को महान समझता है, वो इंसान अत्यधिक परेशान, चिंता ग्रस्त, तनाव से भरा हुआ और दुखी क्यूँ रहता है?अगर वो महान है तब तो उसे पूरी तरह

तृप्त, संतुष्ट और आनंदित हो जाना चाहिए, लेकिन विकसित शहर के साथ अतृप्त और चिंता ग्रस्त इंसानो की संख्या बढ़ती जाती है, ऊँची इमारतें, सुंदर कपड़े, चमकती लाइट्स हमारे दुःख और बेचैनी को छुपा नही पाते, सराब, झूठी हँसी और घटिया उछल-कूद हमारे दर्द को ढाँक नही पाते। इंसान की आंतरिक प्यास जीवन भर उसे नचाती रहती है, छोटे बच्चे को उसकी छमता के अनुसार नचाती है, बच्चे को लगता है मिट्टी खाने से कुछ तोड़-फोड़ करने से खिलौने इकट्ठे करने से उसको शांति मिल जाएगी, पढ़े लिखे जवान आदमी को उसकी प्यास और बेचैनी बिल्कुल उसी बच्चे की तरह दौड़ाती है बस चीजों में परिवर्तन हो जाता है, जवान आदमी खिलौनो की जगह पैसे इकट्ठे करने में शांति देखने लगता है, मिट्टी खाने की जगह सराब और सेक्स में सुख ढूढ़ने लगता है, अपने घर का सामान तोड़ने की जगह पूरी दुनिया में तबाही मचा देता है, और जब यही जवान आदमी बूढ़ा हो जाता है तब इसके खिलौने बदल जाते हैं, अब ये आदमी माला जपने में पूजा-पाठ और तथाकथित धार्मिकता, नैतिकता में शांति खोजने लगता है, ऐसा आदमी अभी भी छोटा बच्चा है केवल उसका सरीर और उसकी खेलने की चीजें बदल गई हैं। जब इंसान चारों तरफ़ दौड़ के थक जाता है फिर भी उसकी बेचैनी और प्यास नही बुझती तब दुनिया में युद्ध शुरू होते हैं, आज 2024 में भी कई देशों के बीच युद्ध चल रहा है जिसमें लाखों लोग मर चुके हैं, ये युद्ध उनके बीच चल रहा है जो अभी बाहर की ही वस्तुओं से संतुष्ट नही हुए हैं, उन्हें अभी जादा ज़मीन चाहिए जादा संसाधन चाहिए बड़ा नाम चाहिए। और कुछ ऐसे देश है जिन्होंने बाहर का सब कुछ इकट्ठा कर लिया है उनके पास सारे संसाधन है दुनिया की सभी क़ीमती चीजें है, उन देशों मे मानसिक जंग भावनात्मक कलह मानसिक बेचैनी बढ़ रही है, अमेरिका में रोज़ चिंता और बेचैनी का प्रतिशत बढ़ता जा रहा है, एक रिसर्च कहती है कि 20-25% किशोर जिनकी उम्र 12 से 15 साल के बीच है वो चिंता और अवसाद (depression) के शिकार हैं, भारतीय भी पीछे नही हैं, भारत भी पश्चिम के देशों की तरह उद्योग खड़ा करने में दिन रात

लगा है, भारत-वासी भी ऊँची इमारतों में रहना चाहते हैं, बड़ी कंपनियो में काम करना चाहते हैं, धाराप्रवाह-अंग्रेज़ी बोलना चाहते हैं, भारत सरकार जी.डी.पी बढ़ाने के लिए जंगल, पहाड़ सब कुछ मिटाने के लिए तय्यार रहती है, किसी अविकसित गाव के छोटे बच्चे में और वाइट-हाउस के भीतर बैठे सदस्यों में कोई अंतर नही है, दोनो के भीतर एक ही प्यास है जो अलग अलग तरीक़ों से उन्हें नचाती रहती है। आप सोच रहे होंगे की अध्याय का नाम वास्तविक-आनंद है लेकिन बात सिर्फ़ दुःख, दर्द और बेचैनी की हो रही है, जब तक हम ये नही समझेंगे की अंधकार कितना घना है, कितनी भयंकर और डरावनी काली रात है तब तक हम रोशनी की तरफ़ नही बढ़ेंगे। घनघोर अंधेरी रात में ठोकर खाने के बाद ही प्रकाश की अहमियत समझ में आती है।

हमने समझ लिया की हर इंसान के भीतर एक प्यास एक तड़प एक बेचैनी और छटपटाहट है, हमने जान लिया है कि इंसान अपनी आंतरिक प्यास को बुझाने के लिए जीवन भर दौड़ता रहता है, लेकिन वो प्यास कैसे बुझेगी? बेचैनी कैसे मिटेगी?जीवन तृप्त (satisfied) कैसे होगा? आइए देखते हैं।

नीदरलैंड की राजधानी ऐम्स्टर्डैम में एक मशहूर लूटेरा रहता था, उसने कई सारी चोरियों और डकैतियों को अंजाम दिया था, उस लूटेरे को ऐम्स्टर्डैम में रहते हुए कई साल बीत गए थे अब उसका वहाँ मन नही लग रहा था, उस लूटेरे को किसी नए सहर की तलाश थी जहां वो क़ीमती और बड़ी चोरियों को अंजाम दे पाता, उसके साथियों ने उसे UNITED.STATE. के एक शहर न्यू-यॉर्क की चकाचौंध के बारे में बताया, उस शहर के विषय में सुन के लूटेरा बहुत खुश हुआ, उसे लगने लगा कि न्यू-यॉर्क ही वो सहर है जहां वो बड़े हाथ मार सकता है, कुछ दिनो के सफ़र के बाद लूटेरा न्यू-यॉर्क पहुँच गया, दिन में उसने आराम किया और रात होते ही अपने काम पे निकल गया, सहर के सबसे रहीस इलाक़े में उसने अपना ठिकाना जमाया, आधी-रात बीत चुकी थी लूटेरा शिकार के इंतज़ार में था तभी उसे एक रहीस व्यक्ति आते हुए दिखाई

दिया, उस अनजान आदमी ने सुंदर शूट पहना हुआ था, हाथ में एक आकर्षक पेटी थी, उसे देख के लूटेरा खुश हो गया उसने अपनी बंदूक़ निकाली और उस अनजान आदमी के सामने खड़ा हो गया, लूटेरे ने उस आदमी को पेटी नीचे रखने के लिए कहा, उस आदमी ने पेटी नीचे रख दिया, लूटेरे ने पेटी को खोला लेकिन उसमें पत्थर भरे हुए थे, लूटेरा निराश होकर उस अनजान आदमी के पास गया और उसकी जेब में हाथ डाल कर देखने लगा, लेकिन हर जेब अंदर से फटी हुई थी, अनजान आदमी बाहर से जितना आकर्षक रहीस दिखता था भीतर से उसकी स्थिती कई गुना अधिक दयनीय और बुरी थी, लूटेरे को उस आदमी की हालत पर दया लगने लगी, लूटेरे की आशाएँ टूट गई और वो निराश हो गया, लूटेरे ने उस आदमी को पास के होटेल में खाना खिलाया, कुछ पैसे दिए और उस शहर से कही दूर चला गया जहां से फिर कभी न्यू-यॉर्क नही आया।

पूरी दुनिया न्यू-यॉर्क शहर की तरह बहुत ही आकर्षक और सुंदर लगती है, बाज़ार की चकाचौंध देख के इंसान सोचता है यहाँ तो वो मिल जाएगा जिस की तलाश उसे है, लूटेरे की तरह हम दुनिया को लूटने निकल पड़ते है, हर आदमी एक लूटेरा है, कोई पैसे लूटने में लगा है, किसी को सम्बंधो में ख़ज़ाना दिखाई दे रहा है तो कोई मान-सम्मान लूटने में लगा हुआ है, लेकिन उसे ये ख़याल भी नही है की ये दुनिया उस आदमी की तरह ख़ाली है, दुनिया स्वयं भिखारी है और भिखारी हमें कुछ दे नही सकता, उस अनजान आदमी की तरह दुनिया की भी सारी जेब फटीं हुई हैं, फ़र्क़ सिर्फ़ इतना है की उस आदमी के कपड़ों में दो-चार जेबें थी लेकिन दुनिया के पास अनंत जेबें है, इंसान चाहे तो जीवन भर अलग-अलग जेब में हाथ डालता रहे। लेकिन उसे निराश होना पड़ेगा क्यूंकि हर जेब ख़ाली और वीरान है, आम आदमी में और एक जागे हुए व्यक्ति में केवल एक ही अंतर होता है, आम आदमी रोज़ नई जेबों में हाथ डालता है, लेकिन एक होशपूर्ण इंसान समझ जाता है दुनिया की सारी जेबें

ख़ाली हैं, ये समझ उसकी बेचैनी को शांत कर देती है, आम आदमी को जैसे ही किसी जेव के ख़ाली होने का पता चलता है और मन दुखी होने लगता है उसी समय सैकड़ों नई जेबें उसके सामने आ जाती हैं, आम आदमी कुछ समझ-पाता उसके पहले ही उसने, अनेको नए सपने नई आशाएँ नए लक्ष्य खड़े लिए होतें हैं, साधारण आदमी रोज़ सुबह फुर्ती और उत्साह के साथ निकलता है और रोज़ लात खाकर वापस आ जाता है, आम आदमी ने हज़ारों जेबों की तलाशी ली है लेकिन हर बार उसे निराश की लात ही मिली है, अब आम आदमी को रोज़ लात खाने की और रोज़ नई जेबों में हाथ डालने की आदत पड़ गई है, जिस दिन दुनिया से थोड़ा कम दुःख थोड़े कम जूते पड़ते हैं उस दिन आम आदमी पार्टी करता है उत्सव मनाता है, ये सिलसिला आम आदमी के साथ अंतिम साँस तक चलता रहता है लेकिन, कभी उसकी आँखे नही खुलती। वही दूसरी तरह एक होश से भरा हुआ व्यक्ति जो जाग कर प्रश्न पूछता है उसे कभी कोई लात नही मार सकता, होश में जीने वाले व्यक्ति को बहुत जल्दी बात समझ में आ जाती है, गौतम बुद्ध को बहुत जल्दी एहसास हो गया, अगर एक आदमी बूढ़ा हो सकता है तब पूरी दुनिया ही बूढ़ी है, अगर एक आदमी मर सकता है इसका अर्थ है पूरी दुनिया ही मरी हुई है, एक महल में संतोष नही है मतलब साफ़ है किसी महल में संतोष नही हो सकता, एक पत्नी अगर पर्याप्त नही है तब पूरी दुनिया की स्त्रियाँ भी तृप्त नही कर सकतीं, एक बच्चा मेरी आंतरिक प्यास नही बुझा सकता तब सौ बच्चे भी पैदा हो जाए फिर भी मेरी प्याश नही बुझने वाली.. गौतम बुद्ध विवेकशील और जिज्ञासु थे उनके लिए ज़रा सा इसार ही काफ़ी था, आम आदमी के पास भी वही दिमाक है वही मन है, जो गौतम बुद्ध के पास था, साधारण आदमी के पास भी वही छमता है जो किसी महापुरुष के पास थी लेकिन आम आदमी के दिमाग़ में बाज़ार के विज्ञापन भरे हुए है, सोशल-मीडिया का पर्दा आम आदमी के मन में लगा हुआ है।

आनंद क्या है? जब इंसान जान लेता है की जिस चीज़ के लिए उसका मन प्यासा है वो चीज़ यहाँ है ही नही, तब वो सारी आशाओं इक्षाओ लक्ष्यों को छोड़ के आनंद से भर जाता है, दुनिया की जेब ख़ाली है, दुनिया के रेगिस्तान में वो पानी है ही नही जिसकी तलाश हमारे अंतर्मन को है, ये समझ ही आत्मज्ञान है, और आत्मज्ञान होने के बाद सभी खोखली आशाओं, अपेक्षाओं, लक्ष्यों का त्याग ही आनंद है।

आम आदमी सोचता है कि जब कोई आशाएँ नही होंगी इक्षाए और सपने नही होंगे तब वो जीवन भर क्या करेगा, आम आदमी को होश की बातें बहुत नकारात्मक लगती हैं, आम आदमी अज्ञानी और बेवक़ूफ़ दोनो है, आम आदमी को उसका अहंकार डराता है की अगर वो सारी-भाग दौड़ छोड़ देगा, बंधन की बेड़ियाँ काट देगा तब उसके पास क्या बचेगा, कई सारे लोग पूछते हैं की sir अगर हम सब आशायें छोड़ देंगे सब सपने त्याग देंगे उसके बाद हमें क्या मिलेगा?ऐसे लोग आश्वासन माँगते हैं की सब बंधन सब बेड़ियाँ तोड़ने के बाद उन्हें नई बेड़ियाँ मिलेंगी या नही, और जब वो किसी माहापुरश से सुनते हैं की सच को जानने के बाद इंसान सारे बंधनो और दुखो से आज़ाद हो जाता है, तब आम आदमी का अहंकार दुःख और बंधन का चुनाव कर लेता है क्यूँकि उसे लगता है दुःख ही सही, बंधन और बेचैनी ही सही, अभी कुछ तो है मेरे पास। सच को जानने के बाद तो दुःख भी नही बचेगा, उसके भीतर साहस ही नही है की वो अपने अहंकार को लात मार सके, आम आदमी की हालत उस क़ैदी की तरह है जो ये सोच के जेल से बाहर नही निकल रहा क्यूँकि उसे जेल के बाहर का कुछ पता ही नही, उसे लगता है जेल में खाना मिलता है सोने को मिलता है रोज़ जूते भी मिलते हैं, लेकिन क्या पता जेल के बाहर कुछ मिलेगा भी या नही, इसी वजह से वो जेल में रहने का चुनाव करता है, अगर उसे सच दिख जाए तब उसकी सोच बदल जाएगी वो कहेगा पहले जेल से बाहर निकलना है, इस घुटन से पीछा छुड़ाना है, बाहर जो भी होगा देखा

जाएगा बाहर जो भी होगा ग़ुलामी से बेहतर होगा, हर इंसान के अंदर अपार सामर्थ्य है जिसकी मदद से वो आज़ाद हो सकता है।

जिस दिन आदमी को पता चल जाता है की उसकी आंतरिक प्यास उसकी बेचैनी और तड़प इस दुनिया में नही मिट सकती तब इंसान शांत और आज़ाद हो जाता है, जब आदमी को पता चल जाता है की जिस पानी की प्यास उसके मन को है वो पानी इस दुनिया के रेगिस्तान में मौजूद ही नही तब इंसान बेफ़िक्र हो जाता है, ये समझ ही आत्मज्ञान है, और इस सच्चाई को केंद्र में रख के जीवन को जीना ही आज़ादी और मुक्ति है, आप उस स्थिति को कुछ भी नाम दे सकते हैं। जैसे उस लूटेरे को सच्चाई का पता चल गया, जिसे वो लूटने की कोशिश कर रहा था वो आदमी खुद भिखारी था, ये पता चलते ही लूटेरा होश में आ गया उसके सारे सपने टूट गए उसके समस्त भ्रम मिट गए, लूटेरा झूठी कल्पनाओं से आज़ाद हो गया, लूटेरे ने उस आदमी को खाना खिलाया और अपनी छमता के अनुसार उसे पैसे भी दिए, आत्मज्ञान और होश को महापुरुषों ने पुनर्जन्म कहा है, जिस दिन इंसान को आत्मज्ञान (स्वयं को जानना) होता है उस दिन आदमी का नया जन्म होता है, कुछ फ़क़ीरों ने हँसी उड़ाते हुए कहा भी है की जो आदमी बेहोश है ग़ुलाम है वो अभी पैदा ही नही हुआ है भले ही उसकी उम्र सौ-साल हो।

इंसान को जैसे ही दिख जाता है की दुनिया भिखारी है उसी समय उसके सारे भ्रम सारे बंधन सारी ग़ुलामी सारे डर तुरंत ग़ायब हो जाते हैं, समझ ही पर्याप्त है, समझ लेना ही बोध है। सच्चाई का बोध हो जाने के बाद शुरू होता है वास्तविक खेल, जिस खेल में कोई ईर्षा कोई प्रतिष्पर्धा कोई हिंसा नही होती, हिंसा तो वहाँ होती है जहां लालच हो लेकिन आत्मज्ञानी जानता है कि दुनिया भिखारी है और भिखमंगो को देख के कोई नही ललचता है, लालच तो तब उठता था जब वो भिखारी रहीस और पैसेवाला दिखाई देता था। जब तक इंसान बेहोश रहता है तब तक उसे दुनिया रहीस और समृद्ध दिखाई

देती है तब आदमी दुनिया को भोगता रहता है, दुनिया में तबाही मचाता रहता है, कभी बलात्कार कर के, कभी ऊँचा पद हासिल करके तो कभी युद्ध करके, लेकिन जैसे ही उसे होश आता है, सच का बोध होता है, तब इंसान की व्याकुलता ख़त्म हो जाती, आदमी तबाही मचाना और दुनिया को भोगना बंद कर देता है, फिर इंसान उस लूटेरे की तरह भिखमंगी दुनिया को खाना खिलाता है, अपने छमता अनुसार पैसे देता है अर्थात् जो कुछ वो दुनिया में अच्छा और सृजनात्मक कर सकता है वही करता है। किसी विषय के प्रति लालच ही इक्षा को जन्म देता है, जब इक्षाएँ पूरी नही होती तब क्रोध उठता है, क्रोध की आग जलन और ईर्ष्या को बढ़ाती है औत तब जीवन दुःख, संताप, बेचैनी और डर से भर जाता है, ऐसे जीवन को ही नर्क कहते हैं, एक जागा हुआ व्यक्ति भी दुनिया में काम करता है मेहनत करता है पैसे भी कमाता है लेकिन उसके काम करने की वजह, इक्षाएँ और कामनाएँ नही होतीं, कृष्ण भी काम करते हैं, बुद्ध भी दिन रात मेहनत करते हैं लेकिन उन्हें दुनिया से कुछ पाना नही है उन्हें दुनिया को भोगना और तबाह करना नही है, उनके खेल दूसरे हैं, वो काम करते है दूसरों को होश में लाने के लिए। वो पैसे कमाते हैं मान-सम्मान हासिल करते है, ताकि आम आदमी तक सच्चाई पहुँच सके, महापुरुषों का प्रत्येक कर्म आम आदमी की बेड़ियाँ काटने के लिए होता है, जीवन की वास्तविक सच्चाई हर इंसान जान सके और आज़ाद हो सके, इसीलिए महापुरुष आम आदमी से अधिक काम करते हैं आम आदमी से अधिक मेहनत करते हैं और अगर ज़रूरत पड़ती है तब अपनी जान भी दे देते हैं क्यूँकि उन्होंने प्राण बचाए ही थे सत्य के लिए।

अगर पूरी दुनिया को आत्म-बोध, आत्मज्ञान हो जाएगा तब क्या होगा? आत्मज्ञान होने पर सच्चाई का पता चल जाता है की दुनिया में ऐसा कुछ नही जो मेरे मन की प्यास बुझा सके, झूठी कामनाएँ जन्म नही लेतीं, इक्षाओ के ना होने पर मन आसक्त और ग़ुलाम नही बनता, आसक्ति के छीण होने से

दुनिया और स्वयं के बीच का अंतर समाप्त हो जाता है। जैसे लूटेरे को अपनी इक्छाओं के कारण बाक़ी सब अलग लगते हैं लेकिन, जैसे ही इक्षाए समाप्त हो गईं सारे फ़र्क़ मिट गए दोनो एक हो गए, जब इंसान स्वयं में और संसार में फ़र्क़ नही करता तब दुनिया को लूटने और भोगने की चाह छोड़ देता है, जब स्वयं में और संसार में कोई अंतर नही बचता तब युद्धों की क्या ज़रूरत है, तब ईर्ष्या जलन दुःख और षड्यंत्रो का कोई काम ही नही, सारे युद्ध सारे दुःख सारी कलह की वजह केवल एक भ्रम है की मैं दुनिया से अलग हूँ जब तक ये झूठा अंतर बना रहेगा तब तक दुनिया में तबाही, और जीवन में दुःख समाप्त नही हो सकते। इंसान को समाज और परम्पराएँ बता देती हैं की तुम अलग हो तब इंसान दुनिया को स्वयं से पराया समझने लगता है, जो पराया है उसे भोगने में, उसे तबाह करने में आदमी को कुछ ग़लत नही लगता, इसीलिए महापुरुषों ने कहा है कि आम आदमी इतना मूर्ख होता है की अपने ही सरीर के विभिन्न अंगो को अलग समझ कर उन्हें काटता रहता है, उसे होश ही नही की सब अंग अलग होकर भी उसी एक के हैं, आत्मज्ञान होने के बाद इंसान जान लेता है की उसकी और संसार की प्यास एक ही है क्यूँकि वो दोनो एक ही हैं, तब इंसान जंगल को अलग समझ कर नष्ट नही करता, दूसरे देश को अलग समझ कर परमाणु नही फ़ेकता, जब उसे कुछ भी अलग और पराया नही दिखता तब उसके मन से ईर्ष्या जलन डर बेचैनी दुःख समाप्त हो जाते हैं, ऐसी मानसिक स्थिति वाला व्यक्ति आनंद में सोता है।

अध्याय 6

धन का महत्व

धन की गहराई में उतरने से पहले हमें धन का उचित अर्थ समझ लेना चाहिए, धन क्या है?जीवन निर्वाह के लिए इंसान जो साधन उपयोग करता है उसे धन कहते हैं, केवल का़ग़ज़ के नोट और सोने के आभूषण धन नही हैं, हर वो चीज़ धन है जिसका इस्तमाल जीवन को बेहतर बनाने में किया जाता है, धन कई तरह का होता है, जैसे प्राकृतिक धन- प्राकृतिक धन उस धन को कहते हैं जिसकी व्यवस्था प्रकृति (nature) ने पहले से ही हमारे लिए निर्धारित की है, जैसे हमारी प्यास के लिए पानी, हमारी साँस के लिए हवा, ऊर्जा के लिए धूप, शीतलता के लिए पेड़ की छाँव, खाने के लिए फल, आँखो के लिए सुंदर नज़ारे, घर और खेती के लिए ज़मीन..प्राकृतिक धन के अनेक उदाहरण है मै कई दिनो तक उनकी बातें कर सकता हूँ। दूसरा धन है, मानव निर्मित धन- जैसे का़ग़ज़ के नोट क़ीमती पत्थर, कोई नया अविष्कार जिसकी सहायता से जीवन को सरल और व्यवस्थित बनाया जाता है, वो सब चीज़ें मानव निर्मित धन की श्रेणी में आतीं हैं। तीसरा धन है, मानसिक और भावनात्मक धन- भावनात्मक धन उसे कहते हैं जिसके उपयोग से मन को शांति और सुख अनुभव होता है, इस धन से भावनाओं को संतुष्टि मिलती है जैसे- कोई अच्छी फ़िल्म, कोई संगीत, कोई नृत्य, कोई चित्रकला, कोई ऊँचा साहित्य, कोई गहरी किताब, प्रेम पूर्ण सम्बंध..ये सभी छेत्र मानसिक धन में शामिल हैं, आशा है हम समझ गए होंगे की धन का अर्थ क्या है।

जब भावनात्मक धन की जगह मानव निर्मित धन ले लेता है तब जीवन में कलह और संघर्ष का जन्म होता है, एक इंसान की शारीरिक ज़रूरत बहुत कम में पूरी हो जाती है, जैसे एक प्रधानमंत्री भी उतना ही पानी पीता है जितना एक मज़दूर, प्रसिद्ध अभिनेता भी उतना ही भोजन करता है जितना एक रिक्सेवाला, दुनिया के 8 अरब लोगों की शारीरिक ज़रूरतें लगभग एक जैसी हैं, बहुत जल्द इंसान इस ज़रूरत को पूरी कर लेता है, जिसके बाद अगला पड़ाव मन का आता है, मन को चाहिए कुछ सृजनात्मक काम, जैसे कोई चित्रकार जिसका पेट भरा हुआ है, तन में कपड़े भी हैं, और सोने के लिए छत भी है, अब वो बिना चिंता के दिन रात सुंदर पेंटिंग्स बनाने में लगा रहता है, उसे फुरसत ही नही की वो किसी से ईर्ष्या करे, किसी से प्रतिस्पर्धा करे, या फिर किसी से दुश्मनी करे। अंतरमन से उठा हुआ काम करने वाला व्यक्ति विनम्र और कोमल होता है, उसके भीतर किसी के लिए कोई हिंसा नही होती है, जो इंसान सृजनात्मक कार्य में लगा रहता है वो भूखा होने पर भी सहज रहता है, कोई लेखक, कोई कवी, कोई गीतकार, कोई नर्तक, कोई संगीतज्ञ, शायद ही कभी युद्धों में भाग लेते हों, इंसान की प्राथमिक (शारीरिक) ज़रूरत जैसे ही पूरी हो जाए उसे तत्काल किसी विशेष आत्मिक काम में लग जाना चाहिए, केवल, लिखना और गाना ही आत्मिक काम नही है, पेड़ों को पानी डालना, सामाजिक क्रूरता को दूर करना, महापुरुषों का साथ करना, गाव मोहल्ले में सही समझ और सच्ची शिक्षा का प्रचार करना, हर वो काम आत्मिक और क्रीएटिव है जिस काम की वजह से दुनिया में कुछ नया, सार्थक और पप्रेमपूर्ण पैदा होता है। दुनिया के बहुसंख्यक लोग शरीर से आगे बढ़ ही नही पाते हैं, समाज का एक दूषित हिस्सा आम लोगों को शरीर के आगे सोचने ही नही देता, आम आदमी वो नही है जिसके पास पैसे कम है बल्कि आम आदमी वो है जो शरीर की इक्छाओं से आगे नही जा पाता, आम आदमी को जीवन के दूसरे आयाम के विषय में कुछ पता ही नही होता, शायद उसे पूँजीवादी लोग

सच्चाई दिखाना ही चाहते हैं, क्यूँकि अगर आम आदमी को सरीर से आगे का कुछ पता चल जाएगा तब पूँजीवादीयो की दुकाने बंद हो जाएँगी, वो सड़क पे आ जाएँगे, आम आदमी को केवल शरीरिक भोग के विज्ञापन दिखाए जाते हैं, फ़िल्में और संगीत भी सिर्फ़ वस्तुओं को बढ़ावा देतीं हैं जैसे..तेरा झुमका, तेरा लहंगा, तेरी बिंदिया, तेरी गोरी कमर, ये सब पूँजीवादियों का बिछाया हुआ जाल है, जिस जाल में आम आदमी रोज़ फँसता जाता है, और जब उसे एक दिन पता चलता है की, सारे झुमके, सारे ब्रैंड्स, सारी गोरी चमड़ी, दो-पैसे की भी नही है तब तक बहुत देर हो जाती है।

हमने शुरू में ही समझा था की शरीर की ज़रूरतें बहुत कम में पूरी हो जाती हैं, लेकिन समाज के कुछ राक्षसों द्वारा उन्हें बहुत बड़ा और अनंत दिखाया जाता है, धीरे-धीरे शरीर की चीजें मन में हावी हो जाती हैं, इंसान दो जोड़ी जूते के साथ आराम से साल भर रह सकता है लेकिन उसे लगता है जब तक उसके पास हज़ार जूते नही होंगे तब तक वो अधूरा है, एक घर पर्याप्त है लेकिन समाज कहता है बड़ा आदमी वही है जिसके पास 10घर हैं या फिर सौ, ये गिनती रुकने वाली नही है। एक आदमी फिर हज़ार आदमियों के बराबर भोगता है, हज़ार आदमियों के बराबर कपड़े बर्बाद करता है, सैकड़ों आदमियों के बराबर पेड़ और प्रकिती को नष्ट करता है, पूरी तरह से दुनिया में तबाही मचा देता है, पूँजीवादियो की विचारधारा आम आदमी के मन में इतनी हावी हो जाती हैं कि उसके भीतर की आत्मा मुरझा जाती है, जो कला और प्रतिभा उसे शरीर से ऊपर उठने में सहायता करने वाली थीं उसका भी उपयोग इंसान शरीर के लिए करने लगता है, अब आदमी गाना भी इसलिए गाता है ताकि वो शहर में दूसरा फ़्लैट ले सके, कवितायें भी इसलिए लिखता है ताकि ब्रैंडेड कपड़े पहन सके, किसी की सहायता भी पैसे के लालच में करता है, उसके सारे कर्मों का केंद्र शरीर हो जाता है (body-centric)। शरीर की आदत आग के जैसी है, जब तक आग में थोड़ा-बहुत इधन डाल कर उसका उपयोग खाना

बनाने के लिए और ठंड से बचने में किया जाता है तब तक आग प्यारी लगती है, लेकिन उसी आग में अधिक इधन डाल देने पर वो विनाश का कारण बन जाती है, पूँजीवादी मानसिकता (capitalist mindset) अपने विज्ञापनो के आधार पर अपने झूठे सुख के नाम पर, आम आदमी को लगातार भोगने के लिए मजबूर करते हैं, ताकि उनकी दुकाने चलतीं रहें, आम आदमी मासूम और अशिक्षित दोनो हैं, हो सकता है उसके पास p.h.d की डिग्री हो लेकिन उसकी समझ अंगूठे-छाप जैसी है, एक आम आदमी शरीर की आग में इतने ईधन डाल देता है की अब उसे बुझाया नही जा सकता, उसी आग से जन्म होता है प्रतिष्पर्धा का, ईर्ष्या और जलन का, समाज में द्वन्द इतना अधिक बढ़ जाता है की अंततः युद्ध होते हैं।

वास्तविक में दुनिया बुरी नही है, दुनिया में रहने वाला इंसान भी बुरा नही है, हर आदमी का असली स्वभाव अहिंसा और करूणा है, आदमी देह और मन दोनो तल में जानवरो जैसा नही है, शेर को जब क्रोध आता है तब वो आक्रमण कर देता है, कुत्ता जब कामुक होता है तब सड़क के बीच में सम्भोग करने लगता है, बंदर किसी के हाथ से कुछ भी छीन लेता है, लेकिन इंसान को जब क्रोध आता है तब वो प्रश्र करता है की क्रोध क्यू उठ रहा, किसी पर बिना सोचे हमला नही कर देता, इंसान भूखा होने पर भी किसी से छिना-झपटी नही करता, इंसान फ़र्क़ करता है की कौन गरीब है, कौन दुखी है, कौन किस परिस्थिति से गुजर रहा, शेर नही सोचता की ये तो गरीब आदमी है परेशान है इसको नही खाना है, लेकिन हम इंसान विचार करते हैं, सोचना-समझना ही हमें इंसान बनाता है। मनुष्य का स्वभाव क्रूरता और हिंसा नही हैं, इस धरती में सैकड़ों ऐसे लोगों ने जन्म लिया है जिन्होंने अपने निजी-स्वार्थ को त्याग कर दूसरों के लिए अपना जीवन बलिदान कर दिया, ऐसे लोगों ने जन्म लिया जो लोक-कल्याण के लिए मर मिटे हैं, ऐसे भी लोग हुए है जिन्होंने अपना सर कटा दिया लेकिन स्वयं को झूठ के बाज़ार में बेचा नही, वास्तविकता

तो ये है की दुनिया का हर इंसान महान और करूणा से भरा हुआ है लेकिन, ग़लत शिक्षा और ग़लत आदर्शों ने उसे युद्धों के बीच खड़ा कर दिया है, इंसान को प्यास है पानी की लेकिन पूँजीवादियो द्वारा उसे सराब पिलायी जाती जिसकी वजह से प्याश और बढ़ जाती है, रोज़ प्यास बढ़ती रहती है और पूँजीवादी सराब पिलाते जाते हैं, जिसकी वजह से आम आदमी के जीवन में तनाव पैदा होता है, आम इसान अपने स्वभाव के विपरीत चलने लगता है, जैसे मछली का स्वभाव जल में तैरना है लेकिन उसे ज़मीन में चलने के लिए मजबूर किया जाए तो क्या होगा?कुछ देर मछली अपने स्वभाव के विरुद्ध तड़पेगी और फिर मर जाएगी लेकिन हाँ उस तड़प को मछली साबित कर सकती है की वो नाच रही थी जैसे हम इंसान अपने घटिया जीवन को सोशल मीडिया पर दांत दिखा कर साबित करते हैं। दुनिया का हर इंसान स्वभाव से सरल और दयावान है, लेकिन जन्म से ही उसे समाज और पूँजीवादियो द्वारा बता दिया जाता है की अगर तुम चालाक़ और क्रूर नही बनोगे तो दुनिया में टिक नही पाओगे, इंसान को बचपन से शिक्षित कर दिया जाता हैं, कुछ ऊँचा और बड़ा पाने के लिए तुम्हें प्रतिष्पर्धा और लड़ाइयाँ करनी होंगी, स्कूल में प्रतिष्पर्धा चलती है जैसे कोई जंग हो रही हो, बच्चों के ग्रूप्स बने होते हैं उनमे चर्चायें होती है की कैसे दूसरे ग्रूप्स से आगे बढ़ा जाए, नौकरियों में बॉस टार्गेट देता है, टार्गेट पूरा करने के लिए चाहे जितने झूठ बोलने पड़े, चाहे जितने लोगों के साथ धोखा-धड़ी करनी पड़े, चाहे सामान बेचने के लिए किसी हद तक जाना पड़े, सब किया जाता है, और जो इंसान इस घटिया काम से दूसरों को लूट के कम्पनी का सामान बेचता है उसे पुरुष्कार दिया जाता है, भीड़ कहती तुमने अच्छा काम किया ये सुन के इंसान खुश होता है और भीतर बेचैन और व्याकुल रहता है, उसकी हालत उसी मछली जैसी होती जो अपनी छटपटाहट को उत्सव समझ रही है, उसे होश ही नही की उसकी मौत होने वाली है, survival of the fittest का नियम जंगल में चलता है, जो मज़बूत

ख़ूँख़ार और हिंसक है वही जीवित रहेगा लेकिन, हमें पूँजीवादीयो ने भुलवा दिया है की हम इंसान जंगल से बाहर निकल चुके हैं, हमने अपनी चेतना को ऊँचा उठाया है, हम इंसानो ने सभ्य-संस्कृति और उच्चतर विद्यालय बनाए हैं, अगर हम जंगल से निकलने के बाद भी जंगल के क्रूर नियम को अपनाएँगे तब इससे अधिक मूर्खता की बात क्या हो सकती है, अगर हम कई भासाएँ बोलने के बाद भी और आंतरिक्ष में सफ़र करने के बाद भी, जानवरो जैसा जीवन जिएँगे तब हमारे समस्त विकाश और ज्ञान की क़ीमत दो पैसे की नही है, जंगल की हिंसा तो शारीरिक चोट पहुँचाती है लेकिन समाज की हिंसा मानसिक उत्पीड़न को जन्म देकर जीवन को नर्क से भी बद्तर बनाती हैं। एक इंसान अपनी लालाच और अंधाधुंध भोग के लिए किसी दूसरे इंसान को धोखा देता है, उसकी भावनाओं के साथ खेलता है, जिसकी वजह से दूसरा आदमी जीवन भर कष्ट में मरता रहता है, समाज की दुर्दशा बताती है की इंसान जंगल से बाहर निकलने के बाद भी, विश्वविद्यालय में पढ़ने के बाद भी, जानवर से भी अधिक निक्रिस्ट और हथयरा बन गया है, जानवर बिना भूख के बेवजह शिकार नही करते हैं लेकिन इंसान की भूख पूरी दुनिया तबाह करने के बाद भी नही मिटती है, सिकंदर जैसे लोग दुनिया जितने के बाद भी प्यासे ही मरते हैं क्यूँकि मन की प्यास शारीरिक भोग से नही मिटने वाली है।

कपड़े और जूते शरीर के विषय हैं इनकी ज़रूरत देह को है। अगर कपड़े और जूते मन के विषय बन जाएँ, इंसान सारा दिन कपड़े और जूते इकट्ठा करने का विचार करने लगे, जादा से जादा जूते इकट्टे करने की पढ़ाई करने लगे, जूते और कपड़ों के लिए चालाकियाँ, षडंयत्र, हत्याए करने लगे तब दुनिया का क्या होगा, इंसान के पेट की भूख मन में सवार हो गई है, पेट तो भीख माँग के भी भरा जा सकता है लेकिन मन की भूख अनंत जन्मो तक नही मिट सकती है, भिखारी की भूक पेट की है, वो आज माँगता है आज खाता है अगले दिन फिर माँगता है, लेकिन पूँजीवादी विचारधारा आम आदमी से कहती है

की आज तुम भले ही भूखे रहो लेकिन आने वाले सौ-साल के लिए इकट्ठा करो, आज तक कोई भी अपने मन-मुताबिक़ कुछ इकट्ठा नही कर पाया है, इकट्ठा करने की मानसिकता संसार में कलह और दुःख का कारण बनती है। सौ-लोगों का खाना दो लोगों ने इकट्ठा कर के रख लिया है, 98% लोगों का धन 2%लोगों ने रख लिया है अब बाक़ी के 98% लोग दुःख और कस्ट की ज़िंदगी जिएँगे, 98% आम आदमी है जिन्होंने पूँजीवादियो के दुकान से सामान ख़रीदा, झूठे सपने पाले, चालाकियाँ और बेयीमानिया की, अब सब मरेंगे, मुट्ठी भर पूँजीवादी लोग पूरी दुनिया की मानसिकता के साथ खिलवाड़ करते हैं, आम आदमी को ग़लत शिक्षा देतें है और ग़लत रास्तों पर चलने के लिए मजबूर करते हैं, ग़लत विज्ञापन, उत्तेजित करने वाली फ़िल्में, सोशल मीडिया का नशा, झूठे सुख का प्रचार और राजनीति, ये सब पूँजीवादियो द्वारा चलाए जाते हैं ताकि, आम आदमी लगातार स्वयं को बेचता रहे और वो अमीर होते रहें, 2% पूँजीवादी लोगों को अपार ताक़त और असीमित साधन आम आदमी ने दिए हैं, जिनकी मदद से पूँजीवादी उन्ही का शोषण करते रहते हैं। एक आदमी बगीचे में अपने दोस्त के साथ टहलता हुआ गप्पें मार के आनंद अनुभव कर सकता है, लेकिन पूँजीवादी कहता है जब तक तुम मल्टीनैशनल-कम्पनी में जूते नही खाओगे तब तक जीवन में सुख नही आएगा, एक इंसान बारिश में भीगता हुआ शांत और प्रसन्न हो सकता है लेकिन, 2%लोग उसे बताते हैं कि जब तक वो हवाई जहाज़ की सीट नही चाटेगा तब तक उसका जीवन अधूरा है। जीवन में कुछ पढ़ना, कुछ सीखन महत्वपूर्ण है, कुछ इसलिए जानना है क्यूँकि उसे जानने में मेरी मौज है, कुछ सीखना है क्यूँकि उसे सीखने में मेरा आनंद है, स्वार्थ के लिए नही सीखना है लेकिन पूँजीवादियो की सारी शिक्षा स्वार्थ और भोग सिखाती हैं, खूब पैसे कमाओ और फिर उनकी सामग्री ख़रीदो या फिर खूब पढ़ो और उनके सामान बेचो, ऐसा नही करोगे तो समाज में तुम्हारी इज्ज़त नही होगी, आम

आदमी इस दौड़ में अपनी मासूमियत अपनी सहजता की रोज़ हत्या करता रहता है, जिस दिन मुझे पूँजीवादियो द्वारा फैलाए इस जाल का अनुभव हुआ उस दिन मैंने कलम उठाई और रणछेत्र में आ गया, मै भी एक आम आदमी हूँ इसलिए आम आदमी की सहजता और मासूमियत को जानता हूँ, आम आदमी के मानसिक ढाँचे को बदलना होगा तब बचने की सम्भावना निर्मित हो सकती है, आम आदमी दो रुपए के लिए रिक्सेवाले से बहस करता है और फिर मॉल में हज़ारों लूटा देता है, आम आदमी भिखारी से लड़ता है और एक अनपढ़ विधायक या फिर फ़िल्मस्टार के तलवे चाटता है, पैसे और साधन सरीर के लिए थे लेकिन आम आदमी ने उन्हें अपने जीवन का केंद्र बना लिया है, अगर आम आदमी जीवन में ऊँचाई और माहानता की चाह रखता है तब उसे अपने ढाँचो को तोड़न होगा, भले ही उसके कुछ भी करना पड़े। जब ग़लत चुनाव और ग़लत भोगो की बात होती है तब आम आदमी का मन डर जाता है, उसे लगने लगता है सब कुछ त्यागने के लिए कहा जा रहा है सब चीजों को छोड़ने के लिए कहा जा रहा है ये सब सुन के वो घबरा जाता है, ये उसकी भूल है क्यूंकि जब तक जीवन है तब तक भोगना ही पड़ेगा, जब तक प्राण हैं तब तक छोड़ा नही जा सकता, सब कुछ त्यागने के बाद भी इंसान साँस तो लेता ही है, पानी भी पिता है, भोजन भी करता है, सब कुछ छोड़ने की बात हम नही कर रहे हैं, हम बात कर रहे हैं ग़लत और छोटी चीजों को छोड़ने की, यहाँ बात घटिया और दो कौड़ी के सुख को त्यागने की हो रही है। अगर एक आदमी ब्रश नही करता नहाता नही है और कहता है मुझे ऐसे जीने में मज़ा आता है, तो कुछ दिनो में उसके दांत सड़ जाएँगे, सरीर से बदबू उठेगी, देह में खाज और रोग पैदा होगा, ये आदमी भी अपने अनुसार मौज कर रहा है, और एक दूसरा आदमी है जो सरीर कि साफ़-सफ़ाई रखता है, कसरत करता है, ऐसा आदमी स्वस्थ रहता है सुंदर दिखता है, उसके भीतर कोई रोग और कोई गंदगी नही रहती है, उसमें आत्मविश्वास ऊँचा होता है, दोनो इंसान

अपने-अपने तरीक़े से भोग कर रहे हैं, मैं ऊँचे भोग का प्रचारक हूँ। एक भोग जो समाज और पूँजीवादियो ने विज्ञापन के द्वारा लोगों को ललचा के प्रचलित किया है, जोकि की पूरी तरह झूठा और घटिया है, दूसरा भोग जो इंसान के प्राणो से उठता है, जो इंसान का स्वभाव है, जिसकी बातें संतो ने चिल्ला-चिल्ला के कहीं है, हम घटिया फ़िल्में और वेबसिरीज देखते हैं, या फिर कोई ऊँचा दर्शन-शास्त्र पढ़ते हैं, दोनो ही दशाओं में हम भोग कर रहे हैं लेकिन, एक भोग जीवन को नरक बना देता है दुःख और बेचैनी बढ़ा देता है..और दूसरा भोग जीवन को आनंद और होश से भर देता है, चुनाव का अधिकार ईश्वर ने हमें दिया है, हम कैसे भोगो का चुनाव करते हैं। अगर मैं आपसे पूछूँ की इतिहास के दस सबसे अय्याश और भोगी लोगों का नाम बताइए? आप दो लोगों का भी नाम नही बता पाएँगे, लेकिन आपसे पूछा जाए कि इतिहास के दस महान संतो और ज्ञानियो का नाम बताइए तब आप तुरंत पचास लोगों के नाम गिना देंगे, अब आप निर्णय करिए की वास्तविक में सबसे बड़ा भोगी कौन है, मेरी समझ कहती है की संतो और ज्ञानियो से बड़ा भोगी दूसरा कोई नही हो सकता फ़र्क़ इतना है की माहापुरश महान भोगो का चुनाव करते हैं, और आम आदमी घटिया भोगो का। (हंसा तो मोती चुगे, काकड क्यूँ ही खाय) महापुरुषों को वास्तविक धन की पहचान होती है, आत्मज्ञानी खोखले और सूखो के पीछे नही भागता, होश में आया हुआ इंसान झूठी हँसी की जगह असली आंसुओं का चुनाव करता है, उसके आंसुओं में सच्चाई और आनंद होता है, उसके रोने में भी तृप्ती और पूर्णता होती है, बाहर भले ही वो उदास और निराश दिखाई पड़े लेकिन उसके भीतर अपार आनंद होता है, जैसे मीरा उदास दिखाई देती हैं रोती रहती हैं लेकिन उनके भीतर कृष्ण का आनंद है, कबीर तो ताना भी मरते हैं की, 'सुखिया सब संसार है खाए और सोय, दुखिया दास कबीर है जागे और रोय संत दुखी दिखाई देता है, बाहर की दूरदसा को देख के लेकिन, उसके भीतर वास्तविक प्रेम उठा है, वहीं आम की झूठी हँसी

झूठा व्यवहार, कितना घटिया और भद्दा है, भीतर से आम आदमी सड़ा हुआ है जिसके अंदर सौ तरह की चालाकियाँ, कपट, और दुःख है, लेकिन फिर भी बनावटी हँसी दिखाता है, सोशल मीडिया में हैप्पीनेस का दिखावा करता है, पूँजीवादी विचारधारा ने आम आदमी की ज़िंदगी को बाहर और भीतर दोनो जगह से खोखला कर दिया है।

एक कहानी कहती है कि 3 दोस्त हुआ करते थे, एक दोस्त बचपन से ही बहुत अधिक महत्वाकांछी था उसे दुनिया की सब क़ीमती वस्तुयें इकट्ठा करना था, समाज और दुनिया में अपना नाम बनाना था, उसे वो सब प्राप्त करना था जिसे समाज ने श्रेस्ट घोषित किया है, उसे लगता था अगर वो सब कुछ इकट्ठा कर लेगा उसके बाद उसे किसी चीज़ की ज़रूरत नही रहेगी, जैसा उसने सोचा था वैसा ही हुआ, सालो की भाग-दौड़ और उसकी मेहनत रंग लाई, उसने वो सब हासिल किया जो दुनिया कि नज़रों में महान था, उसने अथाह धन कमाया, दुनिया में अपना रुतबा क़ायम किया, सुंदर स्त्रियों का आवा-गमन और सुख सुविधा की उसे कोई कमी नही थी, लेकिन सब हासिल करने के बाद भी उसके भीतर एक अधूरापन और बेचैनी बनी रहती थी, उसका जीवन सजे हुए क़ब्रिस्तान जैसा था, बाहर से चमकीली लाइटें और महकते फूल लेकिन भीतर मुर्दा लॉस, उस आदमी ने अपनी उम्र खर्च करके सब कुछ हासिल किया, अब वो समाज के सामने कैसे स्वीकार करता की सब व्यर्थ है सब दो कौड़ी का है, वो आदमी अपने आप को सांत्वना देता की अगर उसने किया है तो ठीक ही होगा, भले ही दुःख मिल रहा है, वो सोचता की, अनेक लोग मेरा जैसा रुतबा, पैसा, और नाम पाने के लिए मरते हैं, तो ज़रूर ये ठीक ही होगा भले ही मुझे बेचैनी और छटपटाहट होती है, उसका अहंकार उसे सच्चाई स्वीकार नही करने देता था। जो आदमी भीतर से खोखला होता है वो अपने आपको साबित करने में लग जाता है, ये रहीस आदमी भी दुनिया को साबित करने लगा है की जो उसके जैसा जिएगा वही महान है, वो अपनी

खोखली शानो-शौकत की तस्वीरें सोशल मीडिया में डालने लगा, झूठी ख़ुशी का प्रचार करने लगा, आम आदमियों को सिखाने लगा की जीवन कैसे जीना है, जीवन में क्या-क्या हासिल करने से fulfillment मिलती है, झूठ अपने आप को हर समय साबित करता है नही तो उसे मिटना पड़ेगा क्यूँकि वो झूठ है, उस इंसान ने भी आम आदमियों को भ्रमित कर दिया, जिस रास्ते में चल कर उसे ख़ालीपन और बेचैनी ही मिली थी उसी रास्ते में उसने लाखों लोगों को चलने के लिए मजबूर कर दिया, झूठ के प्रचार-प्रसार के लिए उसके पास साधनो की कोई कमी नही थी, अपने घटिया जीवन को महान साबित करने के लिए, अपने ऊपर फ़िल्में बनवाई, इंटर्व्यू दिए, विज्ञापन चलवाए।

वहीं दूसरा दोस्त जीवन में जादा आगे नही बढ़ पाया था, साधारण घर का होने के कारण बहुत अधिक पैसे भी नही थे, एक छोटी दुकान थी जिसकी मदद से उसका घर चल जाता था, घर में चार सदस्य थे, दुकान से इतनी कमाई हो जाती थी की वो अपने परिवार का अच्छी तरह से ख़याल रख सके, गाव के शुद्ध जलवायु में उसका परिवार प्रसन्न था, बीच-बीच में दुकान से कुछ पैसे जोड़ के अपने परिवार के साथ पर्यटन भी कर लेता था, सब कुशल चल रहा था तभी उसने अख़बार में अपने मित्र का विज्ञापन देखा, उसके मित्र ने बताया था आज के समय जो इंसान सोशल-मीडिया से दूर है उसे कभी ख़ुशी नही मिल सकती, साधारण घर का होने की वजह दूसरे मित्र की समझ बहुत गहरी नही थी, उसे लगा अगर मेरा दोस्त कह रहा है तो बात ठीक ही होगी और उसने सोशल मीडिया में अपना अकाउंट बनाया, अब उसने एक मायावी दुनिया में कदम रख दिया था, उसने अपने मित्र को फ़ॉलो किया उसकी बातें सुनी उसके इंटर्व्यू देखे, और फिर उसका जीवन बदल गया, उसे लगने लगा की वो तो हैप्पी नही है, क्यूँकि उसके पास अभी बहुत सारी वस्तुयें नही है, उसने अपने घटिया दोस्त को आदर्श बना लिया, उसके जैसी बातें करता उसके जैसे attitude में रहने लगा, बड़े-बड़े झूठे सपने देखने लगा, धीरे-धीरे

उसका जीवन बेचैनी और उदासी से भर गया, दुकान में भी उसका मन नही लगता था, क्यूँकि उसके दोस्त ने बताया था अगर हज़ार करोड़ का बिज़्नेस हो तब जीवन में संतुष्टि आती है लेकिन, उसकी दुकान तो छोटी सी थी, उसका चेहरा उदासी से भरा रहता था, पहले जिन पैसों को उपयोग पर्यटन और दान-दक्षिणा में करता था अब वो उन पैसों का इस्तमाल EMI पर सामान लेने में करने लगा, उसके अमीर दोस्त ने अपनी उम्र लगा कर झूठ को हासिल किया था, लेकिन इसका समय बीत चुका था, धीरे-धीरे दोस्त जैसा बनने की इक्षा में वो पूरी तरह तनाव और चिंता में डूब गया, दुकान भी चलना बंद हो गई जिसकी वजह से परिवार भी समस्याओं से भर गया, पहले जिस घर में संतुष्टि, प्रेम और प्रसन्नता थी, एक दुस्प्रचार ने उस घर को तनाव, बीमारी और क़र्ज़ें में डूबो दिया, एक हँसते खेलते परिवार ने झूठे सपनो के पीछे स्वयं को तबाह कर लिया।

तीसरे दोस्त में कुछ अलग बात थी, उसे देश दुनिया की अच्छी जानकारी थी, बचपन से ही उसे कल्पनाओं से अधिक तथ्यों में जीना पसंद था, जैसी नीयत, वैसी नियती' समय ने उसे ऐसे लोगों से मिलाया और ऐसी घटनाओं से गुज़ारा की, उसकी चेतना ऊपर उठती गई, महापुरुषों की संगति ने उसके जीवन को आनंद से भर दिया, वो बेफ़िक्र होके भ्रमण करता था, अपने ज़रूरत के मुताबिक़ धन भी अर्जित कर लिए थे, उसके जीवन में आज़ाद लहरे थीं, झूठ और घटियापन के सामने हर पल लड़ने को तय्यार रहता था और किसी ने प्रेम में कुछ माँग लिया तब अपना सब कुछ त्यागने को उतावला हो जाता था, उसका जीवन आनंद से भरा हुआ सच के लिए समर्पित था, लेकिन एक दिन उसे अपने मित्र के मौत की खबर मिली जो गाव में रहता था, उसके दोस्त के खोखले सपने तनाव और क़र्ज़ के सामने हार गए, दोस्त के आत्महत्या की खबर सुन के वो दुखी हुआ और उसके गाव पहुँच गया, एक साल पहले उसकी अपने दोस्त से मुलाक़ात हुई थी, तब उसका मित्र स्वस्थ और प्रसन्न

था, तीसरा दोस्त सोचने लगा की आख़िर एक साल में ऐसा क्या हुआ जो उसके मित्र को मरना पड़ा, तीसरे दोस्त ने खोज-बिन चालू की, एक साल में क्या-क्या हुआ सारी जानकारी इकट्ठा की, तब उसे अपने पुराने अमीर दोस्त का पता चला, साथ ही साथ दूसरे दोस्त के मौत कारण भी साफ़ हो गया।

तीसरा दोस्त बुद्धिमान और ज्ञानी होने के साथ ही करुणावान था, उसने झूठे रहीस दोस्त की जानकारियाँ इकट्ठा की, उसके विषय में गहराई से अध्यन किया, उसके जीवन शैली को नज़दीक से देखा, और तब उसे पता चला की उसका दोस्त उन्ही पूँजीपतियो की सूची में आता है जो झूठे सपने और घटिया सुख का लालच देकर आम आदमी के जीवन को क़र्ज़ और समस्याओं से भर देता हैं, जिस दौड़ में आम आदमी एक बार फँस जाता है और कभी निकल नही पाता, समाज का युवा-वर्ग लगातार लाखों की संख्या में उसी नर्क में गिरता रहता है, ये सब देख कर उसे बहुत दुःख हुआ, उसके मन में दया थी और हृदय में प्रेम था, लोगों का दुःख उससे देखा नही जाता था, एक दिन उसने व्यथित होके आम लोगों की समस्याओं को अपनी समस्या मान कर पूँजीवादियो से भिड़ने निकल पड़ा, पूँजीपतियो की झूठी विचारधारा को तोड़ने के लिए उसे आम आदमी तक सच्चाई पहुँचाना था और वास्तविक सुख का प्रचार करना था, लेकिन उसके पास ना तों पर्याप्त धन था ना ही कोई साधन, वो रात दिन जन-सभाओं में व्याख्यान देता और बचे हुए समय में पैसे के लिए मेहनत करता, दुर्भाग्य की बात ये थी की समाज में फैले झूठ और नर्क़ के ज़हर को रोकने के लिए उसे स्वयं दर-दर साधन और पैसों के लिए भटकना पड़ता था, जिसकी वजह से आम आदमी सोचता था की ये तो स्वयं पैसे इकट्ठा कर रहा है और लोगों को सत्य पर व्याख्यान सुनाता है, लोगों को पता नही है की झूठी ताक़तों को काटने के लिए सत्य को भी ताक़त जुटानी पड़ती है, मैंने पहले ही कहा था, पैसा ना बुरा है ना अच्छा, पैसे जेव की चीज़ हैं मन की नही। लोगों तक सच पहुचाने के लिए उसने अपने खेत,

अपनी सम्पत्ति सब बेच दी ताकि उसकी बात दूर दूर तक पहुँच सके, उसने किताबें लिखीं, विज्ञापन छपवाए, सोशल मीडिया में पूँजीवादी विचारधारा का विरोध करना शुरू किया, उसे उन सब साधनो का प्रयोग करना पड़ा जिन साधनो का प्रयोग पूँजीवादी करते हैं, फ़र्क़ बस इतना था की वो उन साधनो का इस्तमाल सच्चाई के लिए, आम आदमी के जीवन को सार्थक बनाने के लिए कर रहा था, और पूँजीवादी उन्ही साधनो का प्रयोग आम आदमी को नष्ट करने के लिए करते थे।

जैसा कि आपने देखा, धन तीनो दोस्त कमा रहे हैं, तीनो दोस्त जीवन में सुख और आनंद चाहतें हैं, पहले दोस्त को सारे संसाधन मिल गए फिर भी ख़ालीपन और बेचैनी नही मिटीं लेकिन उसने स्वीकार करने की जगह और अधिक झूठ का प्रचार दुनिया में फैलाने लगा।

दूसरा दोस्त आम मानसिकता का होने की वजह से अपने स्वस्थ जीवन को तबाह कर दिया, वास्तविक आनंद इसे भी नही मिला।

तीसरा दोस्त जिसके पास अपनी चेतना और महापुरुषों की संगति थी उसके जीवन में वास्तविक सुख और आनंद का जन्म हुआ था और वो प्रेम से भरा हुआ था, लेकिन आम आदमी की विक्षिप्तता और दुर्दशा उससे देखी नही गई, प्रेम और आनंद से भरा हुआ आदमी सबको आनंदित देखना चाहता है, होश से भरा हुआ आदमी सब शराबियों को होश में देखना चाहता है, जब तक एक इंसान भी बेहोश है तब तक होश में जीने वाला व्यक्ति शांत नही बैठ सकता, इसीलिए प्रेम की वजह से तीसरे आदमी ने अपना सब कुछ लूटा कर, आम आदमियों को जगाने लगा, जिस दिन वो अपना काम नही कर पाता उस दिन चिंतित रहता, उसका काम ही उसका आनंद बन गया।

निश्चित है आप भी उन्ही तीन दोस्तों में से किसी एक की तरह जीवन जी रहे होंगे, आप समझदार हैं आपको कौन से रास्ते पे चलना है, दो रास्ते झूठ

और कमजोरी के हैं और तीसरा प्रेम और महानता का जिस रास्ते में चलने के बाद इंसान स्वयं पर गर्व महसूस करता है, जिस रास्ते में चलने के बाद मन और हृदय सच्ची संतुष्टि पाते हैं, निर्णय आपको करना है, वस्तुयें और धन आपकी शारीरिक ज़रूरत हैं या फिर मानसिक ग़ुलामी, चीजों के प्रति नीयत ही आपकी नियती बन जाएगी, मैं साधारण आदमी होते हुए भी, तीसरे रास्ते को चुन लिया है, अब आपकी बारी है।

तट की घेरा बंदी करके, बैठे हैं सारे के सारे,
कोई मछली छूट न जाए, इसी दाव में हैं मछुआरे...

मै उनको ललकार रहा हूँ, तुम जल्दी से जाल हटाना...
                    -कृष्ण वक्षी

अध्याय 7

दूषित शिक्षा

शिक्षा एक ऐसी प्रक्रिया है जिसके द्वारा मनुष्य निरंतर अपनी शक्तियों में विकाश के साथ अपने ज्ञान और कला को ऊँचाई देता है, छमताओ की वृद्धि व्यवहार में परिवर्तन लाती है, जिसकी वजह से व्यक्ति और समाज लगातार ऊँचाइयों की तरफ़ बढ़ते जाते हैं। शिक्षा का उद्देश्य समझदारी को जन्म देना है जिसकी मदद से मनुष्य का विवेक जागृत होता है, शिक्षा ने हमें भाषाओं का ज्ञान दिया, शिक्षा ने सभ्य-संस्कृती का निर्माण किया, शिक्षा ने हमें हिंसक जानवर से इंसान बनाने की कोशिश की लेकिन शायद सफलता नही मिली, शिक्षा ने हमें प्रश्न दिए, शिक्षा ने विज्ञान को तरक़्क़ी दी, शिक्षा ने श्रेष्ट कलाओं का निर्माण किया, शिक्षा ने जीवन को ऊँचे लक्ष्य दिए जिसकी वजह से महापुरुषों ने महान जीवन जिया, शिक्षा ने सरलता और सहजता दी, शिक्षा ने ज्ञान और साधनो को बाटना सिखाया, शिक्षा ने राम, कृष्ण, बुद्ध, जीजस, जैसी ऊँची चेतनाओं को जन्म दिया। समझदार लोगों ने शिक्षा की सहायता से अपने भीतर छुपी ऊँची से ऊँची संभावनाओं को खोज लिया, लेकिन आम मनुष्यों ने समय के साथ शिक्षा के अर्थ को ही बदल डाला, आम इंसानो की चेतना धुंधली और और सामर्थ्य हीन होती है, आम मनुष्य वो है जो स्वयं को कमजोर और मजबूर समझता है। ऊँचाइयों की तरफ़ बढ़ने के लिए, नयी खोज करने के लिए और स्वयं की संभावनाओं को चुनौती देने के लिए अदम्मय साहस और ताक़त की ज़रूरत होती है जो आम आदमी के पास नही है, इसलिए आम इंसानो ने अपने अलग रास्ते अपने अलग नियम बना लिए,

ऐसे रास्तों का निर्माण किया जिन रास्तों में सिर्फ़ कमजोर और मजबूर लोग चल सकते थे, धीरे-धीरे कमजोर और मजबूर लोगों की संख्या बढ़ती गई, भीड़ को देख के साहसी लोग भी निर्बलता के रास्ते में चलने लगे, उन्हें लगने लगा की अगर इतनी भीड़ इस रास्ते में चल रही है तो ज़रूर ये रास्ता सही होगा, आम आदमी के रास्ते में सिर्फ़ झूठे और खोखले सपने होते थे, पूरा रास्ता दुःख बीमारी और सर्मिंदगी से भरा हुआ था, उस रास्ते में कोई उत्साह कोई सच्चाई नही थी, बीमारों की भीड़ और बढ़ती गई, सामर्थ्य और महानता का रास्ता ख़ाली होता गया, संघर्ष और श्रेस्टता विलुप्त होने लगे, सत्य और खोज की जिज्ञासा समाप्त होने लगी कोई बिरला ही कभी इस रास्ते में अकेले चलने का साहस करता था।

आम आदमी के रास्ते सीमित और बधे हुए थे, भीड़ करोड़ों की थी लेकिन जीवन सबका एक जैसा बिल्कुल मुर्दा, आम इंसान का पूरा जीवन तयशुदा था, दस वर्ष की उम्र में क्या करना है, पच्चीस की उम्र में क्या करना है, पैंतीस और चालीस की उम्र में कौनसे काम करने हैं सब कुछ जन्म से ही निर्धारित हो जाता था क्यूंकि पूरी भीड़ एक ही सड़ी मानसिकता में चल चल रही थी। कुछ ऐसी होती है आम आदमी ज़िंदगी› जन्म, भ्रष्ट शिक्षा, नौकरी या व्यापार, विवाह, बच्चे, झूठी ज़िम्मेदारी, खोखले सपने, और इन सब के साथ लगातार दर्दनाक दुःख, कलह, पीड़ा, असंतोष और फिर मौत। आम इंसान के जीवन में खोज की कोई जगह नही, जिज्ञासा का कोई उत्तर नही, निरंन्तर नए जीवन में कुछ नया नही, प्रेम की खबर नही, आम मनुष्य वो है जिसे स्वयं का कुछ पता ही नही है लेकिन दुनिया के विषय में चर्चाएँ करता है, समाज के विकाश की बात करता है, बड़े व्यापार चलाता है, बड़ी कम्पनीयों में नौकरी करता है, जंगल पहाड़ काट के फ़ैक्टरी बनाता है, सब कुछ करता है लेकिन स्वयं को नही जानता...मेरे पीठ में ख़ंजर घुसा हुआ है खून बह रहा है और मै दुनिया का इलाज करने की कोसिस कर रहा हूँ, यही है आम आदमी ज़िंदगी।

शिक्षा का काम है व्यक्ति के भीतर जिज्ञासा पैदा करना जिसकी मदद से व्यक्ति अपने भीतर छुपे हुए क़ीमती गुणो को, प्रेम और विवेक को, बाहर निकाल सके और उसके उपयोग से स्वयं में और समाज में सच्ची शांति और सामंजस्य स्थापित करे, लेकिन आज आम की वजह से शिक्षा केवल पेट भरने का साधन बन चुकी है, वास्तविक शिक्षा स्वार्थ रहित होती है लेकिन आज पूरी शिक्षा का आधार स्वार्थ और लालच है, आज की शिक्षा के पीछे, दो-पैसे की नौकरी का लालच छुपा रहता है, इंसान कुछ जानने के लिए नही पढ़ता, कुछ सीखने और खोज करने में उसकी कोई जिज्ञासा नही है, आम आदमी दिन रात पढ़ता है सिर्फ़ मोटी कमाई के लिए और अंधी इक्छाओं की पूर्ति के लिए, आम आदमी ने शिक्षा की दुर्दशा क़रदी है, पुरुष पैसे कमाने के लिए पढ़ रहा और स्त्रियाँ अच्छे विवाह के लिए पढ़ रहीं। शिक्षा के दूषित हो जाने से इंसान प्रेम को भूल जाता है, सच्चे प्रेम के अभाव में समाज और राष्ट्र प्रलय की तरफ़ बढ़ने लगते हैं, आम आदमी बड़ा डॉक्टर और एंजिनियर बनना चाहता है, किसी विशेस दवाओं की खोज के लिए नही न तो किसी ऊँची परियोजना के लिए, उसे तो डॉक्टर बनना है ताकि अंधे पैसों का व्यापार कर सके, कलेक्टर बनना है ताकि मोटी घूश ले सके, किसी की जान भी जाएगी फिर भी दूषित शिक्षा से बने हुए डॉक्टर उसकी तरफ़ बिना पैसों के देखेंगे भी नही, बिना पैसों के देखने के लिए प्रेम चाहिए, दूषित शिक्षा ने प्रेम की हत्या क़र दी है, आम आदमी की पूरी शिक्षा व्यापार पर आधारित है।

कुछ साल पहले एक शहर हुआ करता था, शहर में ऊँची संस्कृति और महान सभ्यता थी, शहर में उच्च कोटि के विद्यालय और अस्पतालें थीं, शहर की सड़के सुंदर और मज़बूत थीं, शहर के लोग ईमानदार और दयालु थे, अनजान व्यक्ति की भी मदद के लिए हमेशा आगे रहते थे, शहर के बच्चे खेल और अन्य कलाओं में देश विदेश तक नाम रौशन करते थे, शहर में धर्म और ज्ञान की चर्चाओं का आयोजन होता था, जिसमें बच्चों से लेकर बूढ़ों तक सभी शामिल

हुआ करते थे, शहर के लोग पर्यावरण का ख़ास ख़याल रखते, घर भले ही छोटा हो लेकिन पेड़ नही कटने देते, शहर वासियों के बीच कोई प्रतिष्पर्धा और ईर्ष्या नही थी क्यूँकि कोई भी अपनी तुलना ईंट-पत्थर के घर से नही करता था, वहाँ सभी अपने स्वभाव में जीने वाले लोग थे और अगर कभी कोई इंसान भटकने लगता तब पूरा शहर उसे सही दिशा बताने के लिए आगे आ जाता था, लेकिन कहानी तब बदल गई जब एक विदेशी आदमी शहर में मेहमान बन के आया, विदेशी ने शहर की महानता के क़िस्से सुने थे उसे भरोशा नही था की ऐसी भी कोई जगह है जहां के लोग तनाव मुक्त हैं, थोड़े में आनंदित और समृद्ध हैं, वो जिस देश से आया था वहाँ पूँजीवादियो का निवास था, उसके शहर में 80% लोग तनाव और चिंता से ग्रस्त थे, इसीलिए विदेशी उस सभ्य शहर जा पहुँचा, वहाँ उसने कई दिन बिताए लोगों से बातें की, शहर की संस्कृती को देखा, उसे विश्वास नही होता था की लोग बिना लालच, बिना हिंसा के कैसे जी सकते हैं, उसे विश्वास होता भी कैसे, वो एक बीमार से देश आया था उसे सिर्फ़ बीमारी का अनुभव था, स्वास्थ्य की जानकारी उसे नही थी, धीरे-धीरे उसे लगने लगा की महान शहर के सारे लोग आनंद और शांति का अभिनय करते हैं, पागल आदमी को सब पागल दिखते हैं, विदेशी अपने स्वभाव के अनुसार शहर के लोगों से जलने लगा, ईर्ष्या के भाव में विदेशी वहाँ के बच्चों को भ्रमित करने लगा। विदेशी का बेटा दिन रात टी.वी देखता, सिर्फ़ पिज़्ज़ा बर्गर खाता और सोता था, विदेशी दूसरे छोटे बच्चों से कहता की मेरा बेटा आराम और शांति की ज़िंदगी जी रहा है, तुम सब ग़रीब हो तुम्हारे पास बड़ा घर नही है तुम अरबपति नही हो, प्रौढ़ और बड़े लोगों के सामने तो विदेशी की कोई औक़ात ही नही थी लेकिन छोटे बच्चों के मन में उसने ग़लत परिभाषा डाल कर अपने देश लौट गया। थोड़ा समय बीतने के बाद शहर में कुछ कमजोर व्यक्तियों का उदय हुआ, कमजोर का अर्थ है मानसिक निर्बलता, जिसके भीतर अपनी लालच, अपनी ईर्ष्या, अपने

स्वार्थ को ठुकराने का सामर्थ्य नही होता वही व्यक्ति कमजोर है, उन कमजोर आदमियों के अंदर अपना कुछ नही था जिसमें उन्हें गर्व होता, इसीलिए उन्होंने जंगल काट कर बड़े महल बनाए, फ़ैक्टरीयां खड़ी करके पर्यावरण को दूषित किया, सुख के नाम पर शराब के ठेके खोले, अपनी आत्मा को बेच कर शहर में अकड़ कर चलने लगे, उन्हें देख शहर के युवा धीरे-धीरे भ्रमित हो गए, युवाओं के सपने बदल गए, अब उन्हें भी बड़ा रुतबा चाहिए था, भले ही उसके लिए स्वयं को बेचना पड़े, समय बीतने लगा और बहुत जल्द शहर पूरी तरह से भ्रष्ट हो गया, सड़के तबाह हो गईं, सड़क दुर्घटना में हर साल सैकड़ों लोग मरने लगे क्यूँकि सरकार जो पैसे सड़क निर्माण के लिए भेजती थी उसका उपयोग सरकारी कर्मचारी कोठी बनाने में करने लगे, अस्पतालों में ग़लत इलाज और नक़ली दवाइयाँ बिकने लगीं, जिसकी वजह से रोज़ लोग मरते थे क्यूँकि, डॉक्टर भ्रष्ट-पैसों से अपने बच्चों को विदेश में पढ़ाना चाहता था, सरकारी शिक्षकों ने स्कूल में पढ़ाना बंद कर दिया और अपनी महँगी प्राइवेट कोचिंग चलाने लगे, ग़रीब बच्चे अशिक्षित ही रह जाते थे लेकिन, शिक्षकों को इस बात से ज़रा भी मतलव नही था क्यूँकि उन्हें car ख़रीदनी थी और अपनी बेटियों की महँगी शादी करनी थी, शहर पूरी तरह से भ्रष्ट और हिंसक हो गया, उसकी सारी समवेदनशीलता नस्ट हो चुकी थी, महान शहर दुनिया का सबसे अधिक भ्रष्ट शहर बन गया था। एक पत्रकार ने वहाँ के लोगों पर सर्वे किया, पत्रकार वहाँ के डॉक्टरों से, शिक्षकों से, सरकारी कर्मचारियों से, व्यापारियों से चर्चाएँ कीं, कई महीनो के सर्वे के बाद पत्रकार ने एक लेख पब्लिश किया है, लेख में उसने बताया की शहर की सारी दुर्दशा का कारण प्रेम की ग़लत शिक्षा है, लोग अपने बच्चों से प्रेम करते हैं इसीलिए घूस लेते हैं जिसकी वजह ग़रीब आत्महत्या करता है, कर्मचारी अपनी पत्नी से प्यार करते हैं, पत्नी को महँगे उपहार देने के लिए, सड़क निर्माण का पैसा खाते हैं जिसकी वजह से सैकड़ों लोग अपनी जान गँवा देते हैं, कोई व्यक्ति अपनी बेटी की शादी बड़े घर में

करना चाहता है उसे दहेज इकट्ठा करना करना है इसलिए नक़ली दवाइयाँ बेचता है, प्राइवेट कोचिंग चलाता है, जिसकी वजह से आम-आदमी अनपढ़ रह जाता है और बुरी मौत मर जाता है। पत्रकार कहता है की लोगों ने अपने निजी स्वार्थ और कामनाओं को पूरा करने के लिए प्रेम शब्द का बलात्कार कर दिया है, शहर के लोग स्वयं भी नही देखते की अगर वहाँ प्रेम होता तब वो दुनिया के सबसे भ्रष्ट लोग नही होते, प्रेम तो स्वार्थ से मुक्त करता है, लेकिन शहर के लोगों के लिए स्वार्थ और लालच ही प्रेम बन गया है, प्रेम के नाम पर लोग एक दूसरे की हत्याएँ करते हैं, जिसके अंदर वास्तविक प्रेम का जन्म होता है उसके भीतर से अपने और पराए का भाव ही मिट जाता है, असली प्रेमी सबकी भलाई और ऊँचाई की फ़िक्र करता है, प्रेम को जानने के बाद प्रेमी स्वयं के लिए कुछ नही चाहता, उसका अपना निजी कुछ नही बचता, सब कुछ सच्चाई और ईमानदारी के प्रति समर्पित हो जाता है, बुद्ध, महावीर, भगत सिंह, रानी लक्ष्मीबाई, ये सब असली प्रेमी हैं, जिन्होंने अपना पराया भूल कर वास्तविकता को, जो आवश्यक था उसे किया।

आप ने देखा, कैसे जो शिक्षा हमें जनवार से इंसान बनाती है, हमें बल और साहस देती है, हमें ऊँचाई दे कर आज़ाद करती है, उसी शिक्षा का दुरुपयोग करके इंसान फिरसे जानवर बन जाता है, आज़ादी की ऊँचाइयों से गिर के स्वयं की मानसिकता का ग़ुलाम बन जाता है, जिसकी वजह से पूरा समाज और पूरा राष्ट्र भ्रष्ट और हिंसक हो जाता है, हमें बचपन में सिखाया जाता है, अगर कोई भोजन कर रहा हो तब उसे छेड़ना नही चाहिए क्यूंकि, जानवर अपने खाने के लिए किसी को भी चोट पहुँचा सकता है, शिक्षा ने हमें बाँट कर खाना सिखाया, दूसरों को देना सिखाया, सिर्फ़ इंसान ही ऐसा जीव है जो दान करता है, लेकिन दूषित शिक्षा और आम आदमी की निर्बलता इंसान को फिर से जंगल का स्वार्थी पशु बना देती है, इंसान अपने पेट के लिए अपने बच्चों के लिए अपने निजी स्वार्थों के लिए पूरी दुनिया को तबाह कर सकता है, कहानी

में जिस शहर की बात हो रही थी वो कही ओर नही है, हम सब उसी शहर के नागरिक हैं, शहर की कहानी हमारी अपनी कहानी है, आप लोगों में ही कोई शिक्षक होगा, कोई डॉक्टर, कोई अन्य कर्मचारी, या फिर कोई व्यापारी। हमें अपने भीतर ही देखना होगा, दूषित शिक्षा को हटा कर वास्तविक शिक्षा को समझना होगा, हमें अपनी ज़रूरतों और इक्षाओं में अंतर करना होगा, अगर हम ऐसा नही करेंगे तो आने वाली पीढ़ी आपसे भी अधिक हिंसक, कठोर और भ्रष्ट होगी, जिसकी आग लगातार उन्हें जलाती रहेगी, हमें शिक्षा के ढाँचे को बदलना होगा, शुद्ध शिक्षा के लिए सच्चे लोगों की तलाश करनी पड़ेगी, विद्यालयों में असली शिक्षा का उदय करना पड़ेगा, अगर विद्यालय सच्ची शिक्षा देने में असमर्थ और नपुंसक हैं तब हमें स्वाध्याय का सहारा लेना होगा, प्रेम और सद्भावना के लिए जो कुछ भी करना पड़े उसे करना होगा, जानवर जैसा स्वार्थी जीवन जीने से बेहतर है इंसान बनने की दौड़ में मर जाना।

'भीतर तो भेदा नही, बाहर कहै अनेक
'जो फिर भीतर लखि परे, भीतर बाहर एक। (संत कबीर)

असली शिक्षा तो अपने-पराए का फ़र्क़ मिटा देती है, अगर हमें दुनिया में कुछ भी स्वयं से अलग लगता है इसका मतलब है हम दूषित शिक्षा के शिकार हैं, कबीर कहते हैं की आम आदमी झूठी शिक्षा के कारण बाहर की हज़ारों बातें करता है लेकिन अपने अंदर के लालच, स्वार्थ और कमियों को कभी नही देखता, लेकिन एक बार कोई दुस्साहसी अपने भीतर झांक कर स्वयं को देख लेता है, उसके बाद भीतर और बाहर सब एक हो जाता है, कुछ अलग नही रह जाता।

दूषित शिक्षा मनुष्य की चेतना को नीचे गिरा देती है, जिसकी वजह से इंसान का मन भ्रष्ट हो जाता है, भ्रष्ट मन से इंसान ऊँचे ग्रंथो और साहित्यों की

व्याख्या अपने स्वार्थ के अनुरूप कर लेता है, जैसे कुछ तथाकथित मुसलमान धर्मगुरुओं ने कूरान की व्याख्या बदल डाली, जिसके परिणाम में लाखों लोगों की हत्या हुई, हिंदू हज़ारों सालो तक ग़ुलामी झेलते रहे क्यँूकि, तथाकथित संत ने उन्हें बताया था कि सब भगवान की इक्षा से होता है, ग़ुलामी भी भगवान ने दी है, और जो हिंदुओ के भगवान है वो स्वयं धर्म के लिए महाभारत जैसा महायुद्ध कर रहे हैं, अपनी गीता में बार बार निर्बलता और कमजोरी को छोड़ने के लिए कह रहे हैं, लेकिन दूषित शिक्षा इंसान को नपुंसक बना देती है, दूषित मानवमन ऊँचे विचारो, ग्रंथो और महापुरुषों का उपयोग अपनी लालच के लिए करने लगता है, जिसकी वजह से पूरा समाज, राष्ट्र और पूरी दुनिया का पतन होने लगता है। दूषित शिक्षा के कारण सच छुप जाता है, समाज में अंधविश्वास बढ़ने लगता है, बातों का मर्म जाने बिना इंसान लाखों कर्मकांड करता है पूजा आदि विधियाँ करता है, परंपराओं के नाम पर, नदियों को तबाह करता है, जानवरो की बलि देता है, विज्ञान में p.h.d करने के बाद भी बाबाजी की भभूती खाता है, शिक्षित आदमी ही अगर अंधविश्वासी है, बिना किसी खोज के कुछ भी मान लेता है, तब उसे देख कर आम आदमियों और अशिक्षित लोगों की भीड़ और अधिक बढ़ने लगती है, भारत की हर गली में हाथ देखने वाले, लकीरें पढ़ने वाले, जंत्र मंत्र करने वाले बैठे हुए हैं, बड़ी गाड़ियों से शिक्षित लोग इनके पास जाते हैं और आशीर्वाद लेते हैं, ऐसा देश अगर फिर से ग़ुलाम बन जाता है तो कोई आश्चर्य की बात नही होगी। अंधविश्वास और बाबाजी की चमत्कारी राख ने हमें आज़ादी नही दिलाई थी, हमें आज़ादी साहसी मज़बूत बलिदानी और अंधविश्वास को लात मारने वालों ने दिलवाई थी, जिन्होंने अपना खून अपनी हर एक स्वाँस सच्चाई के लिए न्योछावर कर दिया था, हमारे अंधविश्वास, टोने-टोटके प्रमाण हैं कि समाज कितना कमजोर और बुज़दिल है, ऐसे विकलांग मानसिकता के बीच ताकतवर प्राणी की चेतना भी मुरझा जाती है, धर्म के नाम पर बाज़ार में फ़र्ज़ी

किताबें बिक रही हैं, जिन किताबों के भीतर सिर्फ़ खोखली और प्राण-घातक परंपरायें लिखी हुई है, लोगों को अंधविश्वास से भरी हुई चमत्कारी किताबें पढ़ने में बहुत आनंद आता है, ऐसे लोगों को ब्रम्ह सूत्र का कुछ पता नही होता उपनिषद और गीता जैसे ग्रंथ जो वास्तविक में सनातन धर्म के जन्मदाता हैं उन्हें कोई नही पढ़ता, लोग सिर्फ़ प्रपंच और क़िस्से-कहानियो में रस लेते हैं, सुबह उठ के धरती को प्रणाम करते हैं और फिर दिन भर धरती के विनाश का कार्य करते हैं, किसी के मरने पर सर मुंडवाते हैं चोटी धारण करते हैं सौ क्रिया कलाप करते हैं, लेकिन जब वही व्यक्ति जीवित रहता है तब उसका जीना हराम कर देते हैं, ऐसे ढोंगी और बनावटी समाज के साथ जीने में मुझे घिन आती है, दूषित शिक्षा की सफ़ाई करनी पड़ेगी, शिक्षा के उद्देश्य को बदलना होगा, शिक्षा पेट भरने के लिए और इक्छाओं की पूर्ति के लिए नही है, शिक्षा हमें सब झूठों से, और कमज़ोरियों से मुक्ति दिलाने के लिए है, सच्ची शिक्षा को जानने वाला व्यक्ति ही महान जीवन जी पता है, आकाश में उड़ पाता है और कुछ ऐसा कर पता जिसे करने में अपार आनंद है।

'जंत्र-मंत्र सब झूठ है, मत भरमो जग कोय
सार सब्द जाने बिना, कागा हंस ना होय।।

अध्याय 8

विकास या विनाश

लगभग 70 हज़ार साल पहले तक मानव भी जंगल की सैकड़ों प्रजातियों में से एक था, सभी जानवरों की तरह मानव भी, फल-फूल रहा था, जंगल बहुत विशाल और हरा-भरा होने के साथ-साथ लाखों प्राणियों का घर था, अन्य जानवरो की तरह मानवों की दिनचर्या भी एक जैसी थी, सुबह से भोजन की तलाश करना, बड़े जानवरों से खुद को बचाना, छोटे जानवरों का शिकार करना और सम्भोग की सहायता से अपनी प्रजाति को आगे बढ़ाते रहना। बाहर से देखने पर जंगल के नियम हिंसक लग सकते हैं फिर भी वहाँ की प्रकृति में सामंजस्य है, हिंसक जानवर उतना ही शिकार करते थे, जितनी ज़रूरत उनके पेट को है, पसु उतना ही चारा-चरते जितनी उनकी भूख है, कोई भी जानवर अपने भविष्य के लिए इकट्ठा नही करता था जिसकी वजह से जंगल के ख़ज़ाने में कभी कोई कमी नही होती थी लेकिन, एक दिन कुछ ऐसा हुआ जिसने जंगल के इतिहास को बदल डाला।

संयोग से एक भयानक ताक़त मानवों के हाथ लग गई जिसका नाम "आग" था। आग ने मानव को इतना शक्तिशाली बना दिया जिसकी कोई सीमा नही थी, आग की मदद से शिकार करना आसान होता गया, आग ने मानव की मृत्यु-दर को घटा दिया, अब मानवों को रोज़ शिकार करने की आवश्यकता नही रह गई थी, आग की सहायता रो मानव एक दिन में ही कई सारे शिकार कर सकता था, धीरे-धीरे मानव जंगल के सारे नियमो को लांघता गया, मानव

फलता-फूलता गया और जंगल डगमगाने लगा, लेकिन दूसरे प्राणियों को खबर भी नही थी की असली ख़तरे ने जंगल में दस्तक देना शुरू कर दिया है, जिसे कहते हैं वार्तालाप- आग की सहायता से मानव की भूख बहुत आसानी से पूर्ण होने लगी जिसके कारण उसके पास ख़ाली समय बचने लगा, जादा वक्त एक दूसरे के साथ रहने से मानवों के बीच वार्तालाप का जन्म हुआ, जिसकी सहायता से मानव और अधिक तीव्र हो गए, बात-चीत एक दूसरे के बीच में परस्पर सहयोग बनाने में मुख्य भूमिका निभाती थी, अब मानव आसानी से निर्धारित कर सकता था की उसके समूह को कितने भोजन की ज़रूरत है, लकड़ी का कैसा ढाँचा तय्यार करना है जो हर मौसम में उसके समूह को सुरक्षित रख सके, यहाँ तक पहुँचते-पहुँचते मानव जानवरों के अलावा जंगल की अन्य वस्तुओं का भी उपयोग करना शुरू कर दिया था, जैसे जैसे मानव का जीवन आसान हो रहा था, पृथ्वी की हलचल बढ़ने लगी थी। 12 हज़ार साल पहले जंगल और उसमें रहने वाले प्राणियों के लिए सबसे दुर्भाग्य का समय था, जब मानव इतिहास में कृषि-क्रांति का उदय हुआ- कृषि ने जंगलो के लिए इतना अधिक ख़तरा पैदा कर दिया जिसकी कोई सीमा नही थी, कृषि की वजह से हर साल इतने अधिक पेड़ क़टने लगे, जितने पेड़ पिथ्वी सतब्दीयों में उगाती है, कृषि ने मानव की भूख को पेट से निकाल कर भविष्य में पहुँचा दिया, जिसकी वजह से वो अपने अलावा आने वाली पीढ़ियों के लिए भी भोजन इकट्ठा करने लगा, ज़रूरत से अधिक की इक्षा का अर्थ है ज़रूरत से अधिक खेती, अधिक ज़मीन की आवश्यकता, जितना ज़मीन का विस्तार होगा उतने ही अधिक पेड़ काटने पड़ेंगे, मानव बिना रहम खाए स्वयं का विकाश करता गया, कृषि-क्रांति के बाद पृथ्वी की आधी प्रजातियाँ विलुप्त हो चुकीं थीं जिसका कारण सिर्फ़ मानव था। कृषि क्रांति के बाद पेट की भूख मानव-मस्तिष्क तक पहुँच गई, अब आप समझ गए होंगे की मानव ने ऐसी भूख को जन्म दे दिया है जिसका कोई अंत नही है लेकिन, पृथ्वी को

इसका अनुमान नही था, मिथकों ने मानव समूह के बीच नियम-क़ानून को जन्म दिया।

जब पेट की भूख मन में पहुँच गई तब मानवों ने भोजन के लिए लड़ना बंद कर दिया और विचारों की लड़ाई शुरू हो गई। मानवीय अंतर्विरोध अधिक बढ़ जाने की वजह से संस्कृतियों ने जन्म लिया, संस्कृतियों ने मानव को जोड़ के रखा जिसके बाद सभी लोग आपस में भाईचारा निभाते और साथ में मिल के, 'पर्यावरण' का शोषण करने लगे।

जंगल कम हो रहे थे उनमे रहने वाले जीव ग़ायब हो रहे थे तभी मानव सभ्यता में 'वैज्ञानिक क्रांति' का उदय हुआ, आज से 500 साल पहले हुई वैज्ञानिक-क्रांति ने मानव को इतना अधिक घातक बना दिया की जंगल और अन्य प्राणियों के साथ-साथ पूरी पृथ्वी ख़तरे में आ गई, मानव ने ऐसी भूख को जन्म दे दिया है जिसकी आग में उसने पूरे ग्रह को धकेल दिया है।

क्लाइमेट चेंज- पर्यावरण में समय के लंबे अंतराल में घटित होने वाले बदलावों को जलवायु-परिवर्तन (climate-change) कहा जाता है, हम सब जानते हैं कि सूर्य की गर्मी को पृथ्वी सोख लेती है जिसे हमारे ग्रह में मौजूद गैसें बाहर नही जाने देतीं जिसकी वजह से धरती का तापमान गरम बना रहता है, इस प्रकिया को green house effect कहते हैं इसी प्रक्रिया की वजह से पृथ्वी पर 'जीवन' ने जन्म लिया है, लेकिन तापमान अगर सामान्य से अधिक बढ़ने लगे तब पृथ्वी को जीवन देने वाली प्रकिया उसकी मौत का कारण बन जाएगी। क्लाइमेट परिवर्तन लाखों साल पहले से होता रहा है लेकिन उसकी रफ़्तार बहुत धीरे होती है, प्रकृति द्वारा होने वाले परिवर्तन उतने घातक नही होते जितने भयंकर मानवीय परिवर्तन होते हैं, कृषि-क्रांति होने के उपरांत पृथ्वी का तापमान पहले से अधिक तेज़ी से बढ़ने लगा लेकिन, 200 साल पहले हुए औद्योगीकरण (industrialisation) ने पृथ्वी के तापमान की गति

को 10 गुना तेज कर दिया, औद्योगीकरण के पहले वैज्ञानिको का अनुमान था की हज़ार साल बाद पृथ्वी से जीवन समाप्त हो जाएगा लेकिन, विकासवादी मानवो ने उन्हें ग़लत ठहरा दिया, जो अनुमान हज़ारों सालो का था अब उसका अकड़ा दशकों में सिमट के रह गया है। इस वर्ष हम सब ने भयानक गर्मी का सामना किया है, कई राज्यों में तापमान 53डिग्री के पार पहुँच गया था, आपने सुना होगा की कई सारे मध्यम-वर्गीय लोग अधिक गर्मी में काम करने की वजह मर गए, 2024 का हर महीना इतिहास का सबसे गरम महीना था, अभी तो बस शुरुआत है, आने वाला समय इतना भयानक होगा जिसकी हम कल्पना भी नही कर सकते, जिस दिन तापमान 65डिग्री के ऊपर पहुँच जाएगा मानवजाति के लिए पृथ्वी पर वो आख़री दिन होगा, लेकिन उससे पहले हमारी दुर्गती होगी, 55डिग्री के बाद इंसान अपना मानसिक संतुलन खो देगा जिसकी वजह से पूरा समाज विकृत हो जाएगा, 60डिग्री पहुँचते-पहुँचते इंसान एक दूसरे की हत्याएँ करने लगेंगे और कई अन्य जीव हिंसक हो जाएँगे, अधिक तापमान के कारण धरती में लगातार प्राकृतिक हमले होते रहेंगे, कभी बाढ़ के रूप में तो कभी सूखे के रूप में, कई सालो से खड़े हिम-पर्वत पिघल जाएँगे जिसकी वजह से सागर का जल स्तर बढ़ जाएगा, कई गाव और क़स्बे बाढ़ में बह जाएँगे बाढ़ शांत होने के बाद विशाल नदियाँ हमेशा के लिए सूख जाएँगी, कई शहर नक़्शे से मिट जाएँगे उनमे से एक है मुंबई, अच्छा होता अगर हम एक झटके में मर जाते लेकिन हम तड़प तड़प कर, घुट घुट के मरेंगे, दुनिया की 99% आबादी समाप्त हो जाएगी सिर्फ़ 1% लोग जीवित बचेंगे, कौन हैं वो 1प्रतिशत लोग? क्या भगवान ने उन्हें अलग से बनाया है? या फिर वो खुद भगवान हैं?...

सन, 1800 के बाद से कार्बन इमिशन तेज़ी से बढ़ने लगा जिसकी वजह से तापमान की गति तीव्र हो गई, आज स्थिती भयावह है, U.N क्लाइमेट के अध्यक्ष ने कहा है कि मानवता के पास सिर्फ़ दो साल शेष हैं दुनिया को बचाने

के लिए, जैसे कोई बीमारी आख़री चरण में प्रवेश करने वाली है जिसके बाद उसे ठीक करना असंभव हो जाएगा, कार्बन इमिशन के मुख्य कारण हैं, जीवाश्म ईंधन (fossil fuel) , अधिक ऊर्जा पैदा करना, जंगल का विनाश और मांसाहार, ये सब पृथ्वी की गर्मी को तेज़ी से बढ़ाते हैं। पूँजीवादियों ने अपने सामाम को बेचने के लिए पूरे समाज को विकृत कर दिया है, पूरी दुनिया में दुष्प्रचार फैला कर आम आदमी को अधिक भोग करने पर मजबूर कर दिया है, पूँजीवादियों के माल की बिक्री जितनी अधिक होती जाती है उनकी ताक़त आसमान छूने लगती है, लेकिन उन्हें इतना शक्तिशाली बनाने वाले मासूम सामान्य वर्ग के लोग हैं, अपनी ताक़त के दम पर पूँजीवादी हर छेत्र में अपना क़ब्ज़ा कर लेता हैं, शिक्षा व्यवस्था, राजनीति, मीडिया, विज्ञान, ये सभी उसके हाथ की कटपूतली बनके रह जाते हैं, सामान्य-वर्ग और गरीब व्यक्ति पूँजीवादियों के हाथ का खिलौना हैं, सामान्य वर्ग की अपनी सोच नही होती, अपना कोई विचार नही होता, अपना निर्णय नही होता, उसके जीवन की लगाम पूँजीवादियों के हाथ में होती है लेकिन, उसे भ्रम पूरा बना रहता है की मलिक वही है पर वास्तविकता बिल्कुल अलग है। 66% सामान्य वर्ग साल भर में जितना कार्बन इमिशन करता है, मात्र 1% पूँजीवादी उससे अधिक का उपयोग करते हैं, दुनिया की सबसे बड़ी 57 कम्पनियाँ विश्व के 80% कार्बन इमिशन की ज़िम्मेदार हैं, दुर्भाग्य की बात ये है 1प्रतिशत जो सबसे अमीर पूँजीवादी हैं, जो मंगल ग्रह में नई दुनिया बसाने की बात करते हैं, जो सामान्य वर्ग को सपने दिखाते हैं, जो पूरी पृथ्वी के अंत का कारण हैं, वो जीवित बच जाएँगे लेकिन, सामान्य और गरीब लोग जो मासूम हैं जिन्होंने पूँजीवादियों के हाथ में इतनी ताक़त सौंप दी है, जिनकी संख्या पृथ्वी पर ९९प्रतिशत है वो सबके सब तड़प तड़प के बुरी मौत मरेंगे। पूँजीवादी हर समय अधिक से अधिक भोगने के लिए आम आदमी को प्रेरित करता है, जिसके कारण पृथ्वी तेज़ी विनाश की तरफ़ बढ़ती जा रही है और कुछ दिन बाद यही पूँजीवादी पर्यावरण को

भयानक बता कर किसी और ग्रह में चले जाएँगे, पीछे छूट जाएँगे हम और आप जैसे सामान्य लोग जिनकी मौत बहुत बुरी होगी। जिसकी वजह से हम और आप विनाश की तरफ़ बढ़ रहे हैं वो सब सुरक्षित रहेंगे लेकिन हमें कोई नही बचा सकता, केवल एक ही उपाय है स्वयं को बचाने का, जाग जाओ। आम आदमी घर के बाहर निकलने से पहले जाँचता है की लाइट्स बंद है या नही, पेट्रोल वाहन को छोड़ कर इलेक्ट्रिक वाहन की तरफ़ बढ़ता है, आम आदमी को लगता है ऐसा करने से पर्यावरण बच जाएगा, लेकिन उसे पता ही नही है, उसका पूरा ख़ानदान मिलकर जितना कार्बन का इमिशन जीवन भर में करता है, उससे कई गुना अधिक इमिशन एक पूँजीवादी महीने भर में करता है, बड़ी जहाजे, जंगलो को काट कर उनके बीच बनाए गए बंगले, उन बंगलो में सीमा से अधिक उपयोग होने वाली बिजली, प्राइवेट-प्लेन, उसकी एक कम्पनी कई देश के बराबर अकेले पृथ्वी के तापमान को बढ़ाती है, और दूसरी तरफ़ आम आदमी को भ्रमित करके बताती है की जनसंख्या बढ़ने से पृथ्वी का विनाश हो रहा है, जबकी वस्तविकस्ता ये है की जनसंख्या बढ़ाने का प्रोत्साहन पूँजीवादी ही देता है, पूँजीवादियों के बच्चों की संख्या आम आदमी के बच्चों से कहीं अधिक होती है, और उसके बच्चे उससे भी अधिक दुनिया को तबाह करते हैं, 1प्रतिशत लोग 99% लोगों की मौत के ज़िम्मेदार है, सुनने में कितना ख़तरनाक लगता है ना, यही हमारा कल है, अगर हमने आज उन्हें रोकने का प्रयास नही किया तो।

जी.डी.पी या जीवन - हर देश अपनी जीडीपी बढ़ाने के लिए अंधो की तरह दौड़ रहा है, भारत भी उनमे शामिल है। जीडीपी बढ़ने का अर्थ है की देश आर्थिक तरक़्क़ी कर रहा है, इमारतों और फ़ैक्टरियों की संख्या रोज़ बढ़ रही है, रोज़गार बढ़ रहा है, देश धनी हो रहा है, यही सब आँकड़े हम सब को दिखाए और पढ़ाए जाते हैं, लेकिन जो बात सबसे अनिवर्या और मुख्य है उसकी खबर सामान्य व्यक्ति कभी नही जान पाता। पदार्थों के खनन के लिए सैकड़ों एकड़

में जंगल साफ़ कर दिया जाता है, कई ऐसे सहर हैं जहां जीवन यापन करना सम्भव नही है, जिसकी वजह सत्ताधारियों द्वारा किया गया विकास है, दिल्ली में रहने वाला नागरिक हर दिन अपने जीवन के कुछ घंटे खो देता है क्यूँकि हमारा विकास हो रहा है, और देश का हर सहर तेज़ी से दिल्ली बनता जा रहा है, जिस प्रक्रिया को सरकार ने विकास का नाम दिया है उसकी वजह से पहाड़ मिट जाएँगे, जंगल जर्जर हो जाएगा, पानी और हवा ज़हरीली हो जाएँगी, नदियाँ ख़त्म हो जाएँगी, जंगल और नदियों में रहने वाले प्राणी विलुप्त हो जाएँगे और सरकारें जीडीपी को चाटती रहेंगी, क्या ये विकाश है? क्या ये देश की प्रगति है? या फिर मानवजाति का अंत?

क्लाइमेट-चेंज की वजह से हर दिन 100 से 1000 प्रजातियाँ विलुप्त (extinct) हो जाती हैं, विलुप्त होने का अर्थ है अब वो कभी इस धरती में जन्म नही लेंगे। जंगल में रहने वाले कई मासूम जनवार विलुप्त होने की कगार में खड़े हुए हैं जिसकी वजह झूठा विकास है, जंगल का एक विशाल वृक्ष कई सारे प्राणियों का घर होता है, वृक्ष के अंत के साथ उसके सहारे रहने वाले जीव भी नष्ट हो जाते हैं, पशु-पक्षी आम आदमी से भी अधिक गरीब और कम ज़िम्मेदार हैं इसलिए उनकी मौत हमसे भी पहले हो जाएगी, उनका तो कोई सहारा भी नही, उनके पास कोई तरीक़ा नही है जिसके माध्यम से अपने दर्द को प्रगट कर सकें। ऊँची इमारतों से घिरी हुई ज़मीन, अनगिनत लोग, भेड़-बकरियों जैसा बंधा हुआ जीवन, क़तार में चल रहे वाहन, अत्यधिक शोर, दूषित हवा, दूषित जल, गंदगी और प्रदूषण, जहां ये सभी चीज़ें मौजूद होती हैं उसी स्थान को विकसित सहर कहा जाता है, शहर पूँजीवादियों का केंद्र है जहां रोज़ लाखों की संख्या में सामान्य वर्ग स्वयं को बेचने पहुँच जाता है, यही वो लोग हैं जो पूँजीवादियों को हर दिन शक्तिशाली बनाते रहते हैं और फिर वही उनकी मौत का कारण बन जाता है। हम क्या खाते हैं, क्या पहनते, हमारे लक्ष्य और सपने कैसे कैसे है, हर चीज़ का असर क्लाइमेट चेंज में मुख्य भूमिका निभाता है।

मांसाहार- दुनिया का हर इंसान सोचता है की जो खाना हम खाते हैं वो हमारा निजी चुनाव है और उसके बीच में किसी को हस्तक्षेप करने का कोई अधिकार नही है, लेकिन उसको जानकारी नही है, उसके प्लेट में रखे भोजन की वजह से पृथ्वी तेज़ी से विनाश की तरफ़ बढ़ रही है। गाव का एक आदमी लगातार कई दिनो से रात भर शोर मचाता है जिसकी वजह से कोई सो नही पाता, और सुबह अपने आटे की चक्की चालू कर देता है जो काला धुआँ छोड़ती है, जिसकी वजह से गाँव के कई लोग बीमार हो चुके हैं, लेकिन वो व्यक्ति कहता है की ये मेरा निजी मामला है, मै चाहे मै जो करूँ, क्या ये उसका निजी मामला है? अगर वास्तविक में ऐसी घटना होती तब गाव के अन्य लोग दो-चार दिन के बाद उस व्यक्ती का विद्रोह कर देते और ज़रूरत पड़ती तो उसके ख़िलाफ़ शख़्त कदम उठाते क्यूँकि उसके निजी काम का असर पूरे गाव पर हो रहा था। क्लाइमेट चेंज का दूसरा सबसे बड़ा कारण हैं "मांसाहार" हम यहाँ नैतिकता और धार्मिकता की बात नही करेंगे हम सिर्फ़ तथ्यों को देखने का प्रयास करेंगे, बचपन में जब मै किसी से पूछता की इंसान मांस क्यू खाते है तब घरवाले और दोस्त कहते थे अगर लोग मांस नही खाएँगे तो दुनिया का खाना समाप्त हो जाएगा, आज कई सालो बाद उनकी बात पर हँसी आती है, समाज कितना अनपढ़ और अनभिज्ञ है, सच्चाई तो दूर की बात है, आम आदमी तथ्यों को भी नही जानता। दुनिया की 80% खेती से सिर्फ़ जानवरो के लिए भोजन उगाया जाता है, केवल 20% खेती से इंसान के भोजन की पूर्ति हो जाती है, 1किलो मांस पैदा करने के लिए पहले 10किलो अनाज जानवर को खिलाया जाता है और 15000लीटर पानी व्यय किया जाता है, मांसाहार की वजह से दुनिया में सबसे अधिक जंगलों की कटाई होती है क्यूँकि मांसाहार जितना बढ़ता है जानवरो की संख्या भी उतनी ही बढ़ाई जाती है, और तब खेती की ज़रूरत अधिक बढ़ जाती है, खेत बनाने के लिए विशाल जंगल काट दिए जाते हैं, इंसान सिर्फ़ मांस नही खाता वो एक पूरा जंगल खा जाता है, और उस जंगल

में रहने वाले अनेक जीवों को भी। हम सोचते हैं की इंसान इतने सालों से मांस खा रहा है आखिर इतने जनवार आते कहा से हैं? जिन जानवरों का मांस आदमी खाता है उनको बड़े-बड़े उद्योगों में जबरन पैदा किया जाता है, वो बेचारे जन्म भी नही लेना चाहते थे लेकिन आदमी अपनी जीभ के लिए उन्हें पैदा करता है और फिर काटता है। पृथ्वी पर केवल 4% जंगली जानवर बचे हुए हैं बाक़ी सब विलुप्त हो चुके हैं, जिन जानवरों को इंसान खाता है जैसे- मुर्गा, बकरा, शुअर, गाय, भैंस, इनको जबरन पैदा करके इनकी तादात रोज़ बढ़ाई जाती है, और बाक़ी के जानवर विलुप्त हो जाते हैं क्यूंकि जो जंगली जानवरों का घर था अब वहाँ खेती होने लगी है, ताकी अनाज खाकर जानवर अधिक मोटा हो और फिर आदमी उसका मांस खाए। मांसाहार प्रकृति के साथ-साथ अर्थ्यव्स्था की दृष्टि से भी घाटे का सौदा है, 78% खेती का अनाज जब जानवर खाता है तब उसके मांस से केवल 18% प्रोटीन पैदा होता है लेकिन, पूँजीवादी और विज्ञापन कम्पनीयां अपने माल की बिक्री के लिए हमें बताते रहते हैं की बिना मांस के प्रोटीन कहाँ से मिलेगा? अगर आज दुनिया शाकाहारी बन जाए तब पृथ्वी को और आने वाली पीढ़ियों को बचाने के लिए सबसे बड़ा कदम होगा।

दूध नही खून- मांस उद्योग और डेरी उद्योग (industry) एक दूसरे के सहयोस से आगे बढ़ते हैं। डेरी उद्योग में रहने वाली गाय सामान्यतः 10 वर्ष की उम्र तक बच्चों को जन्म देतीं हैं और दूध पैदा करती हैं, उसके बाद गाय उद्योग के किसी काम की नही रह जाती है तब उसे कसाई-खाने (slaughter house) भेज दिया जाता है, ठीक यही व्यवहार भैंसों के साथ भी क्या जाता है, अगर गाय या भैंस नर बच्चे पैदा करती हैं तब उसे जन्म के बाद ही मांस उद्योग को बेच दिया जाता है ताकि ग्राहक मुलायम मांस का लुफ़्त उठा सके, केवल भारत एक ऐसा देश है जहां 20% शाकाहारी लोग हैं लेकिन दूध सभी पीते हैं, हम जागरूक ही नही हैं की हमारे दूध पीने की वजह से रोज़ हज़ारों पसुओं को काटा

जाता है, एक तरफ़ देश में 20% लोग शाकाहारी हैं और दूसरी तरह भारत दुनिया का दूसरा सबसे बड़ा 'मांस निर्यातक' है, दूध का अधिक उपयोग अधिक मांस पैदा करता है जिसकी वजह से मांस उद्योग तेज़ी से आगे बढ़ता रहता है। 1980 के दसक में धूम्रपान का विज्ञापन टी.वी. में दिखाया जाता था, और लोगों को धूम्रपान करने के लिए प्रेरित किया जाता था, कई सालों बाद जब धूम्रपान जानलेवा बन गया तब उसके विज्ञापन पर रोक लगाई गई। दुष्प्रचार और झूठे विज्ञापनों के दम पर पूँजीवादी हमें कुछ भी व्यर्थ चीज़ बेच सकते हैं क्यूँकि सामान्य इंसान के पास अपनी कोई समझ नही है, अपना निर्णय नही है, अपने प्रश्न नही हैं, जिसकी वजह से जीवन भर उसे नर्क जैसी ज़िंदगी को जीना पड़ता है। जो पूँजीवादी पूरी पृथ्वी का दुश्मन है वही सामान्य व्यक्तियों का आदर्श बना हुआ है, आप ज़रूर किसी अभिनेता या फिर खिलाड़ी के फ़ैन होंगे, वही खिलाड़ी गुटका बेचता है और अन्य जानलेवा चीजों का प्रचार करता है, कल आपके बेटे को उसी गुटके की वजह से कैन्सर होगा और वो मर जाएगा, तब उसकी मौत का ज़िम्मेदार कौन होगा? वो सिलेब्रिटी या फिर आप जिसने उसे अपना आदर्श बनाया था, निश्चित ही आप ज़िम्मेदार हैं। किसी को अपना आदर्श बनाने से पहले हमें अच्छी तरह विचार करना होगा, क्या सच में वो आदमी इस लायाक है जिसे हम अपने जीवन का केंद्र बना लेते हैं तब आपको उनके घटियापन आसानी से दिख जाएँगे।

दुनिया के सभी वैज्ञानिक ये मानते हैं की climate change का मुख्य कारण इंसान है, यहाँ बात, सोशल मीडिया, बॉलीवुड और आपके पड़ोसी की नही हो रही, यहाँ बात हो रही है कि सम्पूर्ण प्रजाति का समूल विनास (mass-extinction) होने वाला वाला hai, लेकिन हम छोटे लोग हैं और हमें अपनी छोटी बातों और छोटे स्वार्थों से फुरसत कहा, अगर एक वैज्ञानिक भी कोई बात प्रूफ़ करता है तो ख़बर सारे दुनिया में पहुँच जाती है, लेकिन जिस बात को 100% वैज्ञानिक मानते है वो बात लोगों को समझ क्यूँ नही आ रही है,

बात आपकी सोच से ज़्यादा गम्भीर है और उसके परिणाम उससे भी ज़्यादा, वैज्ञानिको की बात आम आदमी तक पहुचने से पहले ही, पूँजीवादी और भोक्तवादी, अपने पैरो से रौंद देते हैं, साल भर में कई वैज्ञानिक लाखों scientifical पेपर पब्लिश करते हैं लेकिन उन्हें आम लोगों तक पहुचने ही नही दिया जाता है, आप सोच रहे होंगे पूजिवदीयों को ये सब करके क्या मिलता है वो भी तो इंसान है, नही अब इंसानो का एक बहुत बड़ा हिस्सा इंसान नही है, वो अब मशीन है, जिसके भीतर कोई कोई भावना, कोई करुणा नही है, अगर कुछ है तो सिर्फ़ निजी स्वार्थ। वैज्ञानिको की बात आम लोगों तक पहुचने लगे, मीडिया अगर धर्म विवाद की जगह पर्यावरण पर चर्चा करने लगे, तो सारे पूंजीवाद और भोक्तवादियो की दुकान बंद हो जाएगी, वो सड़क पे आ जाएँगे। अगर आम आदमी को समझ आने लगे की वो सिर्फ़ बाज़ार के हाथों की कटपूतलि है उससे अधिक और कुछ नही, जिस दिन बाज़ार को देख के आम आदमी के मुँह में पानी आना बंद हो जाएगा, उस दिन दुनिया भर में consuption अपने आप कम हो जाएगा, consuption कम होने से डिमांड कम होगी, और फिर सप्लाई भी कम होगी, तब चीजों के उत्पादन में कमी आएगी, इसके होने से कार्बन इमिशन बहुत कम हो जाएगा, ख़ैर इसे यही रोकते हैं, मेरी आदत है सपने देखने की, भूल ही जाता हूँ की मै ऐसे लोगों से बात कर रहा हूँ जो खुद बाज़ार के ग़ुलाम हैं, जिनके सपने भी बाज़ार की कुछ चीजें होंगी, वो कोई फ़ोन हो सकता है और फ़ेरारी भी, या फिर आलीशान बांग्ला और महंगी शादी, अगर सपने यही हैं, तो आप अभी बाज़ार के ग़ुलाम हैं, ये सारी चीज़ें ज़रूरत हो सकती हैं लेकिन अगर यही सब जीवन के लक्ष्य बन जाएँ तब ये भयानक बात है, और याद रखिए जो पूँजीवादी आपसे सच्चाई छुपा रहा, आपको slave-minded बना रहा है, वो तो बच जाएगा लेकिन आप नही, कुछ लोग सोच रहे होंगे ये दिन तो दूर है, हम ना समझ है, पहले पानी फ्री था अब हज़ारों रुपए लीटर तक का पानी बाज़ार में बिक रहा है, और अगर

consuption इसी तरह बढ़ता रहा तो सारे प्राकृतिक साधन ना के बराबर बचेंगे, तब आपको क्या लगता है, पूँजीवादी एक लाख रुपए लीटर का पानी नही ख़रीद पाएगा, या फिर आप? दुनिया में 1% से भी कम पूँजीवादी हैं जो महाधनी हैं, 99% से भी अधिक सामान्य वर्ग और गरीब लोग हैं ये सब मारे जाएँगे, हम आम आदमी हैं और हमें जागना होगा, हमें देखना और समझना होगा और एक बार बात समझ में आ जाए तब दूसरों को समझाना होगा। अभी अगर हम कदम उठाने की शुरुआत करेंगे तो हो सकता है, आने वाले संकट का हम सामना कर पाएँ, अन्यथा हमें अपनी और अपने धरती माँ की दुर्दसा देखने के लिए तयार रहना चाहिए।

'बकरी पाती खात है, ताकी काढ़ी खाल।
जो बकरी को खात है, तिनका कौन हवाल।।

जो बकरी सिर्फ़ पत्ती खाती है, इंसान उसकी खाल नोच लेता है, सोचिए जो आदमी जानवर खाता है उसका हाल क्या होगा। पृथ्वी जिस ख़तरे के सामने खड़ी हुई हैं उसकी वजह हमारी अज्ञानता और क्रूरता है।

अध्याय 9

प्रेम

प्रेम कोई घटना नही है, प्रेम कोई ऐसी चीज़ नही है जो अचानक प्रगट होती है, प्रेम हमारा स्वभाव है, हम अपूर्ण है आधे हैं लेकिन हमारे भीतर कुछ ऐसा है जो पूर्ण है जो अनंत है, अधूरा होने के बाद भी उस पूर्ण को जान लेना ही सच्चा प्रेम है, आँखे अधूरी हैं आज देख रहीं हैं कल रौशनी खो देंगी, लेकिन जो आँखो के पीछे देखने वाला है वो पूर्ण है अमर है, हमारे कानो से जो सुन रहा है वो अनंत है, कान मिट जाएँगे लेकिन सुनने वाला कभी नही मिट सकता, कोई है जो मेरी ज़ुबान से बोलता है, मेरी ज़ुबान भी मिट जाएगी और मै भी मिट जाऊँगा लेकिन मेरे द्वारा बोलने वाला अमर है, मै लकड़ी की खोखली बांसुरी हूँ मै एक दिन टूट के बिखर जाऊँगा, लेकिन मेरे द्वारा मधुर धून बजाने वाला अमर है महान है पूर्ण है अनंत है, मै नही जानता की वो कौन है कैसा है, क्यूँकि उसे जाना ही नही जा सकता, मेरी बुद्धि सीमित है, मेरे पास निर्धारित शब्द हैं, मै उस अपार को कैसे जान सकता हूँ, जानने की इक्षा ही मूर्खता है, लेकिन भले ही मै उसे नही जानता फिर भी प्यार उसी अनंत से है, आकाश में उड़ने वाला पक्षी आकाश की अनंतता को नही जान सकता फिर भी उसे प्यार तो आकाश से है, मै अधूरा हूँ बेचैन हूँ अतृप्त हूँ लेकिन जिससे मुझे प्रेम हुआ है वो परम आनंद है, सम्पूर्ण है, निराकार है..उस महान प्रेमी की याद भर से मेरी बेचैनी मेरी तड़प मेरी प्याश मिट जाती है, पक्षी जब तक आकाश को जानने की कोशिश करता है तब तक दुखी रहता है लेकिन जब उसे ज्ञान हो जाता है की आकाश को जानना नही है, आकाश में आज़ाद उड़ना है, आकाश

उसका अपना है आकाश की अनंतता उसकी ही है, तब उसे आकाश से प्रेम हो जाता है, ठीक उसी तरह जब कोई जीव जान लेता है की पूरा अस्तित्व उसका ही है, अस्तित्व की अनंतता के भीतर ही उसका ठिकाना है, तब उसे सम्पूर्ण अस्तित्व से प्रेम हो जाता है, और उसका प्रेम उसे भी पूर्ण बना देता है, उसे भी अनंतता का बोध हो जाता है क्यूँकि, अब अधूरा और बेचैन मन स्वयं को उस अनंत और पूर्ण से अलग नही मानता, हमारी वृत्तियाँ हमारे संस्कार मन को भ्रम में डाल देते हैं, जिसकी वजह से झूठ का और अहंकार का जन्म होता है, अहंकार झूठी घोसणा करता है की "मैं" अलग हूँ, अलग होने के विचार से मनुष्य अपनी पूर्णता और अनंतता को भूल जाता है, अनंत को भूल जाने से अधूरा और बेचैन हो कर दर-दर भटकने लगता है, जितना अधिक कहता है मैं अलग हूँ उतना ही अधिक अतृप्त और विकलांग होने लगता है, अधिकतर लोग जीवन भर स्वयं को अलग मानते हैं, जिसकी वजह से उन्हें अपार कष्ट और दुःख में जीना, और मरना पड़ता है, कुछ लोग होते है जिन्हें उस परम सत्ता, पूर्ण अनंतता की याद तो आती है, लेकिन फिर वो अलग होने का चुनाव करते हैं, जिसके कारण उन्हें बेचैनी और नर्क़ झेलना पड़ता है, बहुत कम ऐसे लोग होते हैं जो उस असीम परम सत्ता की पुकार को सुनने के बाद उसके ही हो जाते हैं। वो इतना महान और दयालु है की सबको आवाज़ लगाता है कभी भेद-भाव नही करता, जीव की बेचैनी बनके वही पुकारता है, मनुष्य के दुःख, अतृप्ति के पीछे उसी की आवाज़ है उसी का निमंत्रण है, पूरी दुनिया में ऐसा कोई नही जिसके भीतर बेचैनी न हो, जिसके भीतर पूर्ण होनी की प्यास न हो, बेचैनी और प्यास ही सबूत है की वो 'महान' सबको आवाज़ लगाता है, वो परम प्रेमी कहता है की मेरे पास आओ लेकिन मनुष्य उसके अतिरिक्त और सब कुछ पकड़ता रहता है, लेकिन जो व्यक्ति उसकी पुकार सुन के भूखा प्यासा उसी महान की तरफ़ चल देता है उसकी सारी बेचैनी छण भर में मिट जाती है, सारे दुःख विलुप्त हो जाते हैं, जैसे अपने प्रेमी से मिलने के

बाद प्रेमिका पूर्ण हो जाती है उसकी सारी बेचैनी और दुःख समाप्त हो जाते हैं। सब कुछ छोड़ कर, स्वयं को भी भूल कर, उस परम सत्ता की तरफ़ चल देना ही सच्ची साधना है, देह और इंद्रियाँ (senses) इसीलिए हमें मिलीं हैं ताकि हम उसके रास्ते पर चल सकें, उसके प्रेम गीत गा सकें, उसके ध्वनि पर नाच सकें, उसकी छवि के दर्शन कर सकें, उसे प्रेम पत्र लिख सकें, उसी के रास्ते में परम सुख है और वो सुख अनंत है, क्यूँकि उस महान का रास्ता भी अनंत है, उसके इशारे में नाचना ही स्वर्ग है और स्वयं से कुछ करना ही महा-नर्क़, अगर हाथों का उपयोग उस परम प्रेमी की सेवा में नही किया तब भूल हो गई, अगर आँखो से उस प्रेमी की याद में आंसू नही बहाए तब आँखे व्यर्थ हो गईं, अगर अपना जीवन उस परम प्रेमी के नाम नही किया तब वही अपराध है, अपराध की सजा में मिलती है और अधिक बेचैनी अनंत अतृप्ति, लेकिन उसके मार्ग में चलने का इनाम है स्पष्टता, आनंद, मुक्ति, उस महान की विरह का सुख। तन, मन, धन सब कुछ है उसका तो उसी को सौंप दो, उसी के रास्तों में समर्पित कर दो, अगर तुम कुछ स्वयं के स्वार्थ में व्यय करोगे तब तुम चोर हो, हम गीत गाते हैं आरती करते हैं की 'सब कुछ है तेरा'लेकिन, सबका उपयोग खुद की निजी कामनाओं में करते हैं, ऐसे व्यक्तियों को गीता में कृष्ण चोर कहते हैं, जिस दिन वस्तिविक बोध हो जाता है की सब कुछ उसी का है, मै भी उसी का हूँ, तब व्यक्ति होश के साथ स्वयं को उसी परम-सत्ता के रास्ते में समर्पित कर देता है, उस परम सत्ता का मार्ग है 'सत्य'का बोध का स्वतंत्रता का, ऊँचाई का, जो इंसान अपने तन, मन और साधनो को सत्य के रास्ते में न्योछावर कर देता है उसे प्राप्त होती है पूर्णता, खुद के बनाएँ रास्तों में जो इंसान कई टुकड़ों में बँटा था, उस परम प्रेमी के रास्ते में उसे मिलती है अखंडता, खुद को अलग मान कर डर, कमजोरी और चिंता में जीने वाला इंसान, सत्य के रास्ते में पहुँच कर निर्भय और बलवान हो जाता है। जानने वालों ने कहा है की 'प्रेम गली अति साक़री ' प्रेम और सत्य का रास्ता इतना सूक्ष्म है की वहाँ तुम अपने अहंकार

के साथ नही चल सकते हो, जो घर बारे आपना, चले हमारे साथ' जो स्वयं को मिटाने के लिए तय्यार है केवल वही सत्य और प्रेम के रास्ते में चल सकता है, जो अपनी अलग सत्ता को नकार देता है सिर्फ़ वही सत्य के रास्ते में चल सकता है, अपने निजी स्वार्थ निजी कामनाओं के साथ जो प्रेम के रास्ते में प्रवेश करता है उसकी बुरी मौत होती है, प्रेम का रास्ता इतना कोमल है की व्यक्ति निजी स्वार्थों के साथ उसमें चल नही सकता, "जो चलना राह नाज़ुक है, हमन सिर बोझ भारी क्या' प्रेम की राह इतनी नाज़ुक है की वहाँ अहंकार से भरे खोपड़े के साथ चल पाना असम्भव है, मै अलग हूँ ऐसे विचार को त्याग देने के बाद व्यक्ती अपनी वास्तविक निजता को जान लेता है। मै अलग नही हूँ इसका मतलब है जो कुछ भी संसार में मौजूद है वो मेरा ही है और मै उसी का हूँ, ऐसा देख देख लेने पर इंसान शुद्ध और पवित्र हो जाता है, शरीर के अलग-अलग अंग एक ही इंसान के हैं ऐसा पता चलने के बाद व्यक्ती हिंसा से मुक्त हो जाता है, उसे स्वयं से प्रेम हो जाता है, व्यक्ति की सम्भावनाएँ और आंतरिक बल अनंत गुना बढ़ जाता है, उसे दूसरा कोई दिखता ही नही, सब में उसे अपना ही विस्तार दिखाई देता है, मै अलग नही हूँ उसी एक का हिस्सा हूँ ऐसा बोध होने के बाद, लालच, ईर्ष्या, भय, सब मिट जाते हैं क्यूँकि स्वयं के प्रति ईर्ष्या और लालच नही होती है।

नासमझी में एक डाली ने स्वयं को पेड़ से अलग समझ लिया था, कभी सुंदर फूल को देख के उसे जलन होती, कभी काटों के प्रति नफ़रत से भर जाती, कभी मीठे फलो के लिए ललचती रहती और दुःख सहती, लेकिन एक दिन वहाँ से एक फ़क़ीर गुजर रहा था उसने डाली को रोता हुआ देख कर उसकी समस्या पूछी, डाल ने फ़क़ीर को बताया की उसे सुंदर फूल बनना है, उसे मीठे फल जैसा होना है, और काटों की हत्या करने का मन करता है, उस फ़क़ीर को डाल के ऊपर दया आ गई, दया आनी निश्चित थी क्यूँकि फ़क़ीर स्वयं को अलग नही समझते, पेड़ का दुःख भी उसी का दुख है, फ़क़ीर पेड़ की बात

सुन कर मौन खड़ा रहा और फिर ज़मीन की मिट्टी खोदने लगा, कुछ देर बाद फ़क़ीर ज़मीन में फैली विशाल जड़े डाल को दिखा दिया, डाली विशाल जड़ो को देख कर भौचक्की रह गई, उन्ही जड़ो से फूल भी निकले थे, काँटे भी फल और पत्तियाँ भी, जो पेड़ में मौजूद था वो सब उसी एक जड़ का हिस्सा था, डाल की अज्ञानता मिट गई, उसने स्वयं को अलग समझना बंद कर दिया, उसे अपने अस्तित्व, अपनी जड़ो का पता चल गया, उसके सारे दुःख सारी जलन सब बेचैनी पल भर में नष्ट हो गईं, उसने फ़क़ीर को धन्यवाद किया और आनंद में झूमने लगी, फ़क़ीर भी उसे देख कर आनंद में आगे निकल गया। जब हम भी अपने अस्तित्व को जान लेते हैं, अपनी जड़े देख लेते हैं तब सारे भ्रम विलुप्त हो जाते हैं, सहज ही पूरी समग्रता के प्रति सद्भावना और प्रेम हो जाता है, फूल तो फूल है काँटों से भी आप द्वेष नही करते हैं आपको साफ़ दिखाई देता है की जिस जड़ से फूल निकला है वही से काँटे भी, अपने अस्तित्व को जानने के बाद आप पूर्ण हो जाते हैं।

प्रेम की अनेक व्याख्याएँ हुई हैं, समय की धारा चाहे जितनी आगे निकल जाए लेकिन प्रेम का विषय हमेशा नया और ताज़ा रहता है, जो व्यक्ति प्रेम से ख़ाली है उसका मन विषयों का विचार करता है, ऐसी कल्पनाएँ करता है जिसके पीछे वो भाग सके, जिसे प्राप्त कर सके और फिर भोग सके, प्रेम के बिना मन ऐसे लक्ष्यों के पीछे भागता है जो उसके सर को भारी कर देते हैं, प्रेम से हीन मन अपने ऊपर अपार कचरा इकट्ठा कर लेता है जिसके नीचे दब कर उसका दम-घुटने लगता है, जीवन प्राण-हीन हो जाता है, और दूसरी तरफ़ प्रेम से भरा हुआ मन विषयों के पार की चर्चा करता है, प्रेमपूर्ण मन जान लेता है की मन झूठा है इसलिए मन की सब कल्पनाएँ, लक्ष्य, भाग दौड़ भी झूठी हैं, सच तो केवल वही है जो मन के पार है (beyond) , प्रेम से भरा हुआ मन उसको भजता है जो मन में समा नही सकता, जिसकी कल्पना मन नही कर कर सकता, मन तो उसी की कल्पना करता है जो सीमित है, जिसका

रूप है, नाम है, आकार है, लेकिन वो सब मन के विस्तार हैं और जो मन के भीतर समाहित हो सकता है वो सब मिट जाने वाला है या फिर मिटा ही हुआ है, क्यूँकि मन के मिटते ही उसके विषय भी मिट जाएँगे subject and objet are interdependent, जब तक मन है तब तक संसार है, और जब तक संसार है तब तक मन है, दोनो में अगर कोई एक मिट जाता है तब दूसरा स्वयं ही विलुप्त हो जाता है। मन की अनित्यता दिखते ही जीवन का भार उतर जाता है बड़ी से बड़ी चीज़ भी भयभीत नही कर पाती, आप समझ जाते हैं कि विशाल हिमालय भी मन की कल्पना है और छोटी सी चींटी भी, लेकिन मज़े की बात तो ये है की मन की व्यर्थता को जानने के लिए सबसे जादा ज़रूरत मन की ही है, मन के जाल से मुक्ति भी मन ही दिला सकता है, शायद इसीलिए ऋषि कहते हैं की आदमी स्वयं अपना सत्रु है और स्वयं अपना मित्र, मन जाने-अनजाने अनेक बेड़ियाँ पहन लेता है, कभी संस्करो की बेड़ियाँ, समाज की बेड़ियाँ, आदतों की बेड़ियाँ, सपनो की बेड़ियाँ, जब तक आदमी का मन प्रेम को नही जान पाता तब तक रोज़ नई हथकड़ी पहनता है, कभी सोने की कभी चाँदी की तो कभी पद प्रतिष्ठा की ज़ंजीरो में जकड़ जाता है, लेकिन जब मन प्रेम से भर जाता है, जब प्रेम को और वैराग्य को समझ लेता है तब उसी मन की धातु से एक घातक तलवार बनाता है, जिसकी सहायता से अपने सारे बंधन सारे जाल सारी बेड़ियाँ काटता है और अपने बोझ को कम करके हल्का हो जाता है, और तब उसे सारा खेल समझ में आ जाता है, उसकी नज़र वहाँ देखने लगतीं है जो सारे बंधनो के पार है, प्रेम वो तलवार है जिसकी सहायता से इंसान अपनी बेड़ियों को काटता है, अपने मन के जाल को काटना ही भजन है, ज़ंजीरो को तोड़ना साबित कर देता है की इंसान उसका होना चाहता है जो परम-मुक्त है जिसे कोई बांध नही सकता,

गुलामी से नफ़रत और बंधनो से घृणा ही इसान को स्वतंत्रता और आनंद में स्थापित कर देते हैं, लेकिन जो इंसान अपनी बेड़ियों को अपने बंधनो को

अमर मान कर उनसे चिपक जाते हैं, उन्हें चूमने-चाटने लगते है उन्हें नर्क़ जैसा जीवन जीना पड़ता है, प्रेम को परमात्मा कहा गया है क्यूँकि प्रेम आज़ादी की मुक्ति की याद दिलाता है, उसकी याद दिलाता है जो सबका जन्मदाता होते हुए भी सबसे मुक्त है, जो हमारा अस्तित्व है प्रेम उसे प्रगट कर देता है, जो हमारी जड़े हैं प्रेम उसे दिखा देता है, प्रेम हमारा स्वभाव है जब समस्त बेड़ियाँ कट जातीं हैं तब सिर्फ़ स्वभाव बचता है। मोह, नफ़रत, ईर्ष्या, हिंसा, अतृप्ति, कामनाएँ, घृणा, ये सब बेड़ियाँ हैं, इंसान जब सब को तोड़ कर आज़ाद हो जाता है उसके बाद जो बचता है वही उसका स्वभाव है वही प्रेम है, प्रेम करना बच्चों का खेल नही है की आँख बंद करके बैठ गए या फिर किसी गुफा में घूस गए, प्रेम महासंग्राम है, यहाँ केवल वही टिक सकता है जिसके भीतर सत्य के लिए युद्ध करने की छमता है, जो सच्चाई के लिए, मुक्ति के लिए, सभी बेड़ियोंए को काटने के लिए तय्यार है, जिन महापुरुषों ने अपने काटा और आज़ाद हुए, उन्होंने प्रेम के कारण दूसरों को जगाने का प्रयत्न किया, अपना पूरा जीवन दाव पर लगा कर दूसरों को आवाज़ लगाई और झगझोरा ताकि आम आदमी भी आनंद को जान सके, आज़ाद उड़ सके। जो आदमी प्रेम से भरा हुआ है आज़ाद और आनंदित है, वो जब दूसरे व्यक्तियों के तनाव को आपा-धापी को और हिंसा को देखता है तब उसका मन व्यथित हो जाता है, प्रेमपूर्ण व्यक्ति चाहता है कि जो अनुभव उसने किया है, जिस स्वतंत्रता को उसने जाना है, जिस स्वभाव को उसने पाया है, वही स्वभाव वही आज़ादी वही स्थिती हर इंसान प्राप्त कर सके, जिसे आदमी बंधनो के कारण भूल बैठा है, किसी तरह उसे याद दिला दे, जिसने प्रेम को जाना है वो स्वयं भोजन कर के दूसरों को भूखा नही देख सकता, इसीलिए जो ज्ञानी है जो मुक्त है जिसे कोई बंधन नही जो स्वतंत्र और आनंदित है, वो भी दिन रात संघर्ष करता है दिन रात मेहनत करता है स्वयं के लिए नही दूसरों के लिए क्यूँकि उसका पेट तो बहुत पहले भर चुका है, वो प्रेम से इतना भरा हुआ है की जब तक एक भी इंसान

भूखा रहेगा, बंधन और दुःख में फ़सा रहेगा, तब तक उसका संघर्ष ख़त्म नही होगा, हो सकता की प्रेम से भरे व्यक्ति की जान चली जाए फिर भी वो पीछे नही हटेगा।

वैराग्य एक ऐसा शब्द है जिसे जिसे सुन कर आम-मन भयभीत हो जाता है उसके मन को अनेक डरावनी कल्पनायें घेर लेती हैं, वैरागी शब्द साधारण समाज से अलग कर दिया गया है, वैराग्य का अर्थ है, जिसमें किसी राग और मोह के प्रति कोई बंधन नही है, जो किसी से चिपकता नही है, जो सबके लिए समान भाव रखता है, किसी निजी कर्म के लिए आसक्त नही होता, जिसने समस्त निजी बंधनो को त्याग कर पूरे अस्तित्व से सम्बंध जोड़ लिया है वही वैरागी है, केवल वैरागी ही सच्चा प्रेमी हो सकता है बिना वैराग्य के प्रेम का दावा करने वाले सिर्फ़ ढोंगी हैं, बिना वैराग्य का प्रेम ऐसा है जैसे कोई माँ अपने बेटे को 'घी' से बनी पूड़ियाँ खिला रही है और पड़ोसी के बच्चे को तेल से बनी, ऐसी माँ अपने बच्चे के मोह से ग्रसित और बधी हुई है लेकिन, प्रेम का इसको कुछ पता नही। वैराग्य ही प्रेम है, ठीक उसी तरह सच्चा प्रेमी ही वैरागी है, प्रेम को जानने के बाद इंसान अपनी निजता खो देता है, प्रेम से भरे हुए इंसान का कोई भी कर्म व्यक्तिगत नही होता, personal काम तो आम आदमियों के होते हैं, प्रेम को जानने वाला तो सत्य का प्रतिनिधी होता है, उसका हर कर्म पूरे अस्तित्व के लिए होता है, जानने वालों ने कहा है, प्रेमी या फिर वैरागी वही हो सकता जिसने स्वयं को मिटा दिया है, खुद को मिटाने का अर्थ है जिसने अपने निजी स्वार्थों को हटा दिया है, जिसने 'मैं' की समस्त खोखली इक्षाओं का नाश कर दिया है। मै ये चाहता हूँ, मै वो चाहता हूँ, मै महान हूँ, मै मजबूर हूँ, मेरे सपने, मेरे लक्ष्य...प्रेमपूर्ण व्यक्ति ऐसे प्रपंचो से मुक्त हो जाता है, उसके केंद्रीय भाव परिवर्तित हो जाते हैं, अब वो कहता है पूरा अस्तित्व ही मेरा है, और मै पूरे अस्तित्व का हूँ, और जब मै पूरे अस्तित्व हूँ तब मेरा प्रत्येक कर्म, मेरी प्रत्येक स्वाँस उसी अस्तित्व की है। आम-आदमी मोह

ग्रस्त, इमारत की पहली मंज़िल में रहने वाला व्यक्ति है, उसे सिर्फ़ अनुभव होता है मोहल्ले का शोर, नालियों की बदबू, गुप्ता की दुकान, महिलाओं के प्रपंच और कुछ लुच्चे लफ़ंगे, लेकिन जो दसवीं मंज़िल मे रहता है वो देख पाता है की अलग-अलग भिन्नताएँ दिखने के बाद भी सब लोग एक ही हैं, हिंदू भी-मुसलमान भी भिखारी भी और अरबपती भी सब कुछ सामान है, उसे दिखती है शहर की सुंदरता, उसे दिखती है एकता, प्रेमी और वैरागियों की मंज़िल रोज़ ऊँची होती जाती हैं, अपने निजी स्वार्थ और निजी कामनाओं को छोड़ने वालों को मिलती है ऊँचाई और अनंत में फैला हुआ आकाश, जिसमें माहापुरुष आनंद में आज़ाद उड़ते हैं, और आम आदमी अधिक से अधिक नीचे गिरता जाता है। इंसान जितना जादा व्यक्तिगत होता है उतना ही नर्क़ में गिरता है, आम आदमी अपनी व्यर्थ कामनाओं में इतना अंधा रहता है की वो आकाश की तरफ़ कभी देखता ही नही, आकाश को भूल जाने के कारण उसे सिर्फ़ गंदी नालियों को और अपार दुःख को झेलना पड़ता है, कोई बिरला ही होता है जो अंधी इक्षाओं की लात खाने के बाद आकाश की तरफ़ नज़र करता है। खुला आकाश जिसमें तरह-तरह के पक्षी सहज ही उड़ान भर रहे हैं, किसी पक्षी का नाम कबीर है, किसी का बुद्ध, किसी का मीरा, किसी का नानक, ये सब परम आनंद में आसमानों की सैर कर रहे और आम आदमी की मूर्खता देख कर उन्हें आवाज़ दे रहे, लेकिन गोलू सेठ गुड़ बेचने में लगे हैं, चौबे जी सर मुड़ाने में व्यस्त हैं, महिलायें बाज़ार में लुट रहीं हैं, बच्चे तो बच्चे हैं, युवा बेहोश है, बेरोज़गार मोहल्ले में जूते खा रहा है और नौकरी वाला मल्टीनैशनल कम्पनी में। ज़िंदगी की ठोकरें रोज़ हमें झगझोरती हैं लेकिन हम जागते ही नही, लेकिन एक बार आँखें आकाश को देख लेती हैं फिर मामला बदल जाता है, ऊँचाइयों में रहने वाले महापुरुषों को देखने मात्र से आम आदमी के खोखले विचार और इक्षाएँ अपने आप मिटने लगतीं हैं, एक साधारण आदमी असाधारण काम करने लगता है, उसे अपनी कमियाँ और कमजोरी

साफ़ दिखाई देती हैं, उसे स्पष्ट हो जाता है की वो गंदगी में फँसा हुआ है, जहां सिर्फ़ बीमारी और बदबू है, लेकिन विशाल गंदगी में रहते हुए भी, उसे आकाश से प्यार हो गया है, उसका प्रेम ही एक दिन उसकी उड़ान बनेगा, कीचड़ से वैराग्य ही उसे सर्वाधिक शुद्ध आज़ादी देगा...अभी तक वो कीचड़, गंदगी और अलग-अलग चीजों के प्रति मोह से भरा हुआ था, गंदगी में रहते-रहते उसी से लगाव जोड़ लिया था, उसी से बँध गया था, लेकिन अब आकाश का प्रेम उसके सब राग और मोह नष्ट कर देगा, मोह मिटने के बाद वैराग्य की स्थिती का प्राप्त करेगा, और तब वो एक पूर्ण प्रेमी बन जाएगा जिसके प्रेम की कोई सीमा नही, जिसके प्रेम में कोई बंधन नही, कोई शर्तें नही, कोई आसक्ति नही रहती, उसका प्रेम अनंत असीम और अपार होता है जैसे आकाश, वैराग्य से उठा प्रेम ही आम आदमी के पंख बन जाते हैं, जिनकी सहायता से व्यक्ति स्वतंत्र-अनंतता की उड़ान कर पाता है, जिसे देख पहले से उड़ रहे महान पक्षी बहुत खुश होते हैं, मोह और तुच्छ विषयों के मिटने पर शेष जो बचता है वही वैराग्य (प्रेम) है। पता कैसे चले की आकाश से प्रेम है या फिर कीचड़ से? किसी की बातें, किसी का व्यवहार, किसी यादें, कोई चीज़, कोई कर्म, हमारे मन को जकड़ लें हमारी समस्याओं, चिंताओ, तनाव को गहरा करने लगे किसी से लगाव, स्वयं को और दूसरों को भी छती पहुचाने लगें, किसी का सम्बंध हमें सीमित बना दें, कोई विषय जो आंतरिक मन को कमजोर करे..ये सभी सबूत हैं कि अभी आप मोहल्ले की गंदगी में फँसे हुए हैं, आपकी नज़रों ने अभी आकाश का दर्शन नही किया है, और अगर किसी की बातों में आकाश की चर्चायें हो, किसी का साथ जो आकाश कि तरफ़ इशारे कर दे, किसी की याद, किसी का गीत, गंदगी से अलग सोचने पर मजबूर करने लगे, कोई काम जो मन को शांत करे, और उलझन को सुलझा दे, कोई लक्ष्य जो सारी गाँठे खोल दे, सारी बेड़ियाँ तोड़ दे, आज़ाद उड़ने की ताक़त दे, ऐसे सभी कर्म अनंत आकाश से मिलाने वाले होते हैं।

स्वयं की सुख सुविधा को पीछे रख कर जिससे प्रेम है उसे ऊँचाई तक पहुँचाना उसकी भलाई के लिए अपने जीवन का बलिदान कर देना ही सच्चा प्रेम है। साधारण तौर पर हम जिसे प्रेम समझते हैं वो कुछ और ही होता है, किसी को क़ीमती उपहार देना या फिर किसी के साथ जीवन व्यतीत करना और साथ में जीने-मरने की क़समें खाना प्रेम नही है, प्रेम का अर्थ है अपने प्रेमी को पंख देना, जिसकी सहायता वो आकाश में उड़ सके, प्रेम का मतलब है अपने प्रेमी को मुक्ति देना, उसके सभी बंधनो को दूर करना, उसकी सभी बीमारियों का इलाज करना, चाहे उसके लिए खुद को ही मिटाना पड़े, हो सकता है आप जिससे प्रेम करते हैं उसे भलाई का रास्ता बुरा लगता हो, भले ही उसे तकलीफ़ होती हो फिर भी उसे सच्चाई दिखाना ही प्रेम है…लेकिन आप किसी को मुक्ति दे पाएँ, आप किसी को सच्चाई दिखा पाएँ, आप किसी को ऊँचाई दे पाएँ, इसके लिए सबसे पहले आपको ऊँचा होना होगा, आपको आकाश में उड़ना होगा, आपको बड़ा होना होगा, अन्यथा आप जो कुछ भी करेंगे वो झूठ और घटिया ही रहेगा, एक अंधा दूसरे अंधे को रास्ता नही दिखा सकता, प्रेम की महानता यही होती है, आप जिसे बहुत प्रेम करते हैं और उसको ऊँचाई पर देखना चाहते हैं, उसके कारण आप बहुत ऊँचे उठ जाते है आप बहुत बड़े बन जाते हैं, आप आज़ाद और मुक्त हो जाते हैं, ये भी हो सकता है की आप जिससे प्रेम करते हैं वो कभी आपकी बात न समझ पाए और कीचड़ में ही फ़सा रहे, पर आप उसकी भलाई सोचने की वजह से स्वयं बहुत ऊपर उठ जाते हैं, आप उसी प्रेम की वजह से अनंत को प्राप्त कर लेते हैं।

"प्रेम-प्रेम सब कोई कहे, प्रेम न जाने कोय
जिस मारग साहब मिले, प्रेम कहावे सोय॥

अध्याय 10

अतीत और अंत

सिगमन फ्रायड ने कहा है इंसान अतीत के ढेर के अलावा और कुछ नही। जिसने अपना जीवन, जीवन को जानने में लगा दिया अगर ऐसा व्यक्ति कोई बात कहता है तो उसके शब्दों में गहरे राज छुपे होते हैं, ऐसा उन्होंने क्यूँ कहा की इंसान अतीत के कचरे का ढेर है?मान लेते है कुछ दिनो पहले आपने किसी को पैसे उधार दिए और वो आपके पैसे लेके भाग गया, अब एक साल बाद कोई दूसरा व्यक्ति आपसे पैसे माँगता है लेकिन आप विचार किए बिना उसे मना कर देते हैं, आपका किसी स्त्री से प्यार था और उसने आपका साथ नही दिया, अब हर स्त्री को आप उसी नज़र से देखने लगते हैं, ये सब क्या है हम कभी विचार ही नही करते और मुर्दों की तरह जीते जाते है, हमारे भीतर कोई प्राण नही कोई जीवन नही कोई उत्सुकता नही, अतीत यानी जो बीत गया, अब जो exist ही नही करता, अतीत माने जो मर चुका है, लेकिन हममें से ज़्यादातर लोग मुर्दों को सर पे रख के जीवन जीते हैं, ऐसे लोग जीते भी हैं ये कहना भी ग़लत होगा ये पल पल मरते रहते हैं। कोई व्यक्ति अगर मर गया तो हम उसके जीवन से कुछ सीख ज़रूर ले सकते हैं ताकि जो गलती उसने करी उसको हम दोहराए नही, लेकिन हम उस मरे आदमी की लॉस के साथ जीने लगते हैं, कल्पना कीजिए ऐसी ज़िंदगी कितनी भयानक होती होगी, इंसान हर पल अतीत के मुद्दों पे विचार करता है, और जब अतीत से बाहर आता भी है तब भविष्य में अतीत जैसी दुर्घटना होगी ऐसी कल्पना करके

भयभीत रहता है, और घुट घुट के जीता रहता है, जो मर गया उसका डर जो अभी पैदा ही नही हुआ उसका डर, यही आम आदमी का जीवन है लेकिन, जो अभी जीवित है जिसमें अभी प्राण हैं, जो फूल अभी खिला हुआ है, और जो सूर्य अभी चमक रहा है, उसे हम देख ही नही पाते, जीवन मिला था जीने के लिए अपनी सम्भावना की ऊँचाई तक पहुचने के लिए के लिए, अपने गीत गाने के लिए, लेकिन हम मरने से पहले ही मर जाते हैं, हम सभी को इस विषय में गम्भीरता से विचार करना होगा, बिना किसी चालाकी और अतीत के अनुभवो को छुए बिना, एक छोटे बच्चे की तरह जीवन को देखना होगा तब हम इसे इसकी सम्पूर्णता में जी पाएँगे। बच्चा खेलता है, गिरता है रोता भी है, लेकिन अगले दिन फिर खेलता है, उसके मन में अतीत का कोई भय नही, इसलिए वो फिर खेलता है और ख़ुश होता है, लेकिन हमने अपने जीवन के सारे खेल रोक दिए हैं गिरने के डर से, कल गिरे थे चोट भी लगी थी, लेकिन आज मामला अलग है, आज दिन दूसरा है, आज सब कुछ नया और ताज़ा है सिर्फ़ इंसान ही बासी और सड़ा हुआ है, कल क्या बुरा हुआ ये विचार छोड़ के हम आज क्या बेहतर कर सकते हैं इसकी तरफ़ देखना होगा, हमें देखना होगा अपने रिश्तों में अपनी नौकरी में अपने व्यापार में और अपने मन में की जो गलती कल करी थी, जो भूल कल हुई थी उसी को कही हम आज भी तो नही दोहरा रहे, और अगर दिख जाए की हम केवल अतीत का पुनर्निर्माण (recycle) कर रहे, तो समझ लीजिए हम दुःख की गहरी खाई की तरफ़ बढ़ रहे, रोकिए खुद को, बदलाव में समय लगेगा, दर्द भी होगा लेकिन ये उपचार है अब निर्णय आपका है, उपचार का एक बार दर्द या फिर बीमारी का जीवन भर।

संजय नाम का एक व्यक्ति था, बचपन में एक बार वाहन दुर्घटना में उसका पैर टूट गया था, गाव के लड़के उसके साथ मज़ाक़ और दुर्व्यवहार करते रहते, एक दिन गाव के कुछ लड़कों ने संजय को अपने घर निमंत्रण पे बुलाया और

उसे मारकर नाली में धकेल दिया, इस बात को हुए कई साल बीत चुके हैं, अब संजय 22साल का हो चुका है और अपने परिवार के साथ शहर में रहने लगा है, संजय रोज़ कॉलेज जाता है लेकिन, किसी से बात नही करता अगर उसके क्लासमेट उसके साथ बात करने की कोशिस करते तब भी संजय चुपचाप वहाँ से भाग जाता, संजय के मन में डर है की अगर वो किसी से बात या फिर दोस्ती करेगा तो उसके साथ लोग दुर्व्यवहार करेंगे, संजय का भई रोज़ उसे bike से कॉलेज छोड़ने के लिए कहता है लेकिन संजय को डर है अगर वो bike में बैठेगा तो फिरसे दुर्घटना हो जाएगी, संजय यंत्रवत जिए जा रहा उसके भीतर प्राण ही नही, क्या संजय का जीवन कोई जीवन है, ऐसे जीवन को ही नर्क कहते है। अस्तित्व में सब कुछ नया है, जीवन कभी कुछ दोहराता नही, समय की धारा निरंतर बहती ही जाती है, लेकिन इंसान को उसका अतीत जकड़े रहता है, इंसान में कोई नवीनता कोई परिवर्तन नही हो पता, 2023 बीत गया अब कभी लौट नही सकता, सुबह एक फूल खिलता है शाम को मुरझा जाता है अगले दिन फिर नया फूल खिलता है, रोज़ नयी सुबह होती है रोज़ नयी किरणे निकलती है, राम, कृष्ण और बुद्ध जैसे लोग भी एक बार ही होते हैं, अस्तित्व में पुराने के लिए कोई जगह नही। अंगुलिमाल एक डकैत था उसे ज्ञान हुआ और वो साधु हो गया लेकिन, अंगुलिमाल जिस भी गाव से गुजरता लोग उसे पत्थर मारते क्ँयूकि लोग अतीत में ही जीते हैं, तुलसीदास को अपनी पत्नी के मोह में साँप भी रस्सी दिखाई देता था लेकिन फिर उन्हें भी बोध हुआ और उन्होंने एक महान साहित्य की रचना कर डाली, मै रोज़ कई लोगों से मिलता हूँ जो बहुत चौड़े होके कहते हैं, हम जैसे पहले थे उसी तरह आज भी हैं हम नही बदलते sir, दुनिया धोखेबाज़ है रोज़ बदल जाती है, लेकिन हम वफ़ादार लोग है, इनकी बातें उसी तरह हैं जैसे कोई कहे मै पहले भी मूर्ख था मै आज भी मूर्ख हूँ, मै पहले बीमार था आज भी बीमार हूँ, मै पहले भी चोर और लालची था आज भी वैसा ही हूँ, मै तो नही बदलता। पत्थर कभी नही

बदलते क्यूंकि उनके भीतर जीवन नही स्वाँस नही लेकिन जहां कही जीवन है प्राण है वहाँ निरंतर परिवर्तन होता है, पत्थर में भी थोड़ी समवेदनशीलता हो सकती है लेकिन जिस इंसान में परिवर्तन नही हो रहा उसकी हालत पत्थर से भी बत्तर है, परिवर्तन में साहस और दर्द सहना पड़ता है लेकिन हम कमजोर लोग हैं हम अपने मन को देख ही नही पाते, मन हमें सपने दिखाता रहता है की भविष्य में कुछ बड़ा करना है क्रांति करनी है और फिर सो जाते है, निरंतर मन भविष्य के खोखले सपनो से और अतीत की मुर्दा स्मृतियों से भरा रहता है, जैसे एक बच्चे के माँ -बाप सपने देखते रहते हैं की उनका बेटा भविष्य में ये बनेगा वो बनेगा और उनके सपने पूरे करेगा, लेकिन अभी उनका बच्चा क्या कर रहा क्या पढ़ रहा कैसे जिए जा रहा, इस बात का उन्हें कोई होश नही, वहीं दूसरी तरफ़ एक और माँ-बाप हैं जिनके जीवन में कोई खोखले सपने नही हैं, ये अपने बच्चे के शरीर के लिए अच्छा भोजन और खेलकूद सिखा रहे, बच्चे के मन के लिए अच्छी शिक्षा की व्यवस्था कर रहे, और आत्मा के लिए दया और दान सिखा रहे, अब भविष्य में क्या होगा इसकी फ़िकर उन्हें नही है क्यूंकि उनके हाथ में जो था उन्होंने अपने बच्चे को वर्तमान में दे दिया। अतीत की मुर्दा यादों और भविष्य की कल्पनाओं के ख़िलाफ़ जब एक बार कोई विद्रोह करता है तब उसकी नींद खुल जाती है, उसके बाद इंसान पहली बार जागता है होश में आता है, होश में आने के बाद ही जीवन शुरू होता है, जागे हुए व्यक्ति को सब कुछ स्पष्ट दिखायी देता है, जीवन ना तो आगे सपनो में है नाहीं पीछे अतीत में, जीवन अभी है, जो किया जा सकता है अभी किया जाना चाहिए, जीवन बीज है आज उसे पानी और खाद देनी चाहिए लेकिन हम बीज को देखते भी नही बस सपने देखते रहते है, पेड़ में फल मीठे आएँगे की नही, और जब हमारी सम्पूर्ण आशाएँ धराशाही हो जाती हैं तब हम अपनी क़िस्मत को और इस्वर को कोशते रहते हैं हमारे साथ ही ऐसा क्यू हुआ, हमारे मूर्खता की कोई सीमा नही।

एक कुत्ते का जन्म जिस गली में होता है उसका पूरा जीवन उसी के आस-पास बीत जाता है, कुत्ते का एक तय इलाक़ा निर्धारित रहता है, वही पैदा होता है उसी के लिए लड़ता झगड़ता है और एक दिन उसी गली में उसकी मौत हो जाती है, कुत्ते की समझ ही उस गली तक सीमित है, उसका मानसिक स्तरऔर विवेक ही उस गली तक है क्यूँकि कुत्ता जानवर है, लेकिन अधिकांश लोग अकसर कुत्ते की मौत मरते है।

व्यक्ति अपनी सीमाओं में क़ैद है जबकी हमारा अस्तित्व अनंत है, हमारी ऊँचाइयाँ असीमित है, लेकिन हमने छोटे छोटे स्वार्थों की दिवार को चारों तरफ़ खड़ा कर दिया है जिसकी वजह से हमें सत्य दिख नही पाता और हम चार-दिवारी में घुटते रहते हैं, कोई कहता है मेरा परिवार मेरे बच्चे यहीं मेरी दुनिया हैं इनके लिए मै अपनी आत्मा को भी बेच सकता हूँ, इस आदमी ने दिवार खड़ी करली, कोई कहता है मेरा गाव मेरे खेत इनके लिए मै किसी की हत्या भी कर सकता हूँ इसने भी दिवार खड़ी करली, कोई कहता है मेरा देश है अपने राष्ट्र के लिए दूसरे देश को मिटा सकता हूँ फिर दिवार खड़ी हो गई, देने वाले ने हमें पूरी पृथ्वी दी, अब तो इंसान मंगल तक पहुँच गया इसलिए ये कहना ठीक होगा कि देने वाले ने हमें पूरा ब्रम्हाण्ड ही दिया है लेकिन हमारी सोच इतनी सीमित है की हम अपने स्वार्थों से आगे देख ही नही पाते, जिन्होंने भी जीवन में कुछ महान किया है उन्होंने पूरे अस्तित्व को ही अपना माना है या फिर किसी को भी नही, उन्होंने कभी सीमित और छोटा जीवन स्वीकार नही किया। राम पैदल उत्तर भारत से लंका पहुँच गए और जो अनिवार्य था उसे किया, कृष्ण कभी एक जगह में नही रुके, शंकराचार्य ने तीस की उम्र तक पूरे भारत में भ्रमण किया और धर्म की स्थापना की, विवेकानंद अपनी बात पहचाने के लिए विदेश पहुँच गए और भी अनेक उदाहरण है, इन्होंने वास्तविक में ऊँचा जीवन जिया है, और अगर बात बाहरी दुनिया की हो तब वहाँ भी वही सफल हुआ है जिसने अपनी सीमा को लांघने का साहस किया

है, फ्रांसीसी, जर्मन, ब्रिटिश और अन्य विदेशी लोग अपना देश छोड़ के यात्रायें करते रहते थे, कई बार उन्हें हार भी मिलती उनके जहाज़ डूब जाते कई लोगों की जान चली जाती लेकिन, वो कभी हार नही मानते इसी कारण से वो पूरी दुनिया में छा-गए, हमें भी लम्बे समय तक ग़ुलाम बनाया क्यूँकि हमें अपने गली से आगे का ज्ञान ही नही अनुभव ही नही, यही वजह है की हमेशा से हमारा शोषण होता आया है।

कुछ समय पहले जब हमारा जन्म नही हुआ था तब ये परिवार, समाज, गाव देश कहा थे, और कल जब मौत होगी उसके बाद ये सब कहा रहेंगे, हम जैसे ही कहते हैं "मेरा" उसी वक़्त जो आप का नही है वो आपका दुश्मन हो जाता है, आपने कहा मेरा परिवार उसी वक़्त दूसरे के परिवार से आपने विरोध कर लिया, आपने कहा मेरा धर्म उसी समय दूसरे धर्म के लोग आपके शत्रु हो गए, आपने कहा मेरा देश अब आप दूसरे देश वालों को हीन भावना से देखेंगे, अब जब कभी आपको मौक़ा मिलेगा तब दूसरे के परिवार के ऊपर आप कीचड़ उछालेंगे क्यूँकि दूसरे का परिवार है, दूसरे धर्म वाले की आप हत्या करदेंगे, दूसरे देश के ऊपर परमाणु गिराएँगे क्यूँकि दूसरे का देश है।

जहां कही भी सिमाए हैं वही दुःख भी है, अमेरिका में कोई मर रहा, जंगल में आग लगी हुई है या फिर रूस ने यूक्रेन को धोखा दे दिया है, क्या इन सब बातों से हमें ज़रा भी फ़र्क़ पड़ता है? रत्ती भर भी नही पड़ता, जिस वक़्त मै ये किताब लिख रहा हूँ उतने समय में लाखों लोग मर गए होंगे, लेकिन हमें इस बात का कोई दुःख नही क्यूँकि हमने इन सब के साथ अपना सम्बंध नही जोड़ा है सीमाए नही खड़ी की हैं, आपके भाई ने समाज के सामने कोई घटिया बात बोल्दी, अब आप दुखी हैं, बेचैन हैं, चिंता में हैं कि मेरा भाई ऐसी बात कैसे बोल सकता है, अब आप अपने भाई को बदलने की कोशिश करेंगे और आज तक कौन किसको बदल पाया है, रही आपकी बात तो जिसे अपना कुछ पता नही अपने विषय में कोई होश नही वो ख़ाक दूसरे को बदलेगा और

जब आपकी लाख कोशिश के बाद भी भाई वही करेगा जो उसे करना है तब आपका दुःख बढ़ता जाएगा, आपके अहंकार को चोट पड़ेगी, अतीत में भाई ने जो हरकत की थी उसका दुःख, वर्तमान में उसे बदल ना पाने का दुःख, और भविष्य में भाई क्या करेगा इस बात का दुःख, आपके पूरे जीवन को दुःख ने घेर लिया और वही इंसान आपका भाई नही होता पड़ोसी के घर का होता तब आपको ज़रा भी फ़रक नही पड़ता, भले ही वो कुछ भी करता रहता, अगर थोड़ा होश में आके स्वयं को देख लिया होता, खुद को ऊँचा उठा लिया होता, स्वयं सार्थक दिशा में चलने लगते तो हो सकता है ये सब देख के आपका भाई भी सही दिशा की तरफ़ बढ़ने लगता और अगर नही चलता तब ये उसकी नियती उसका चुनाव है, इसके लिए आप दुःख नही सहते आप बेचैन नही होते, जब आप की समझ का विकाश हो जाएगा तब आप भी साफ़ साफ़ देख पाएँगे की शूअर कीचड़ में लोट रहा, गाय घाश खा रही, भेड़िया मांस खा रहा, मगरमक्ष पानी में तैर रहा और चील आकाश में उड़ रही, प्रकृति अपना काम कर रही, लेकिन दुःख तब शुरू होता है जब हम कहते है, मेरी गाय, मेरी सूअर। दुनिया भर की गाय घास खा रहीं और सूअर कीचड़ में लोट रहे सब एक जैसे ही हैं लेकिन दुःख उनके लिए होता जिनको हमने कह दिया ये मेरे हैं, हमने सीमाएँ खड़ी क़र दीं हैं, अगर आपको बात समझ में आ गई आपका विवेक खुल गया आप जान गए की घास खाने के अलावा भी जीवन में बहुत कुछ है, आपको कीचड़ से बाहर आने का रास्ता दिखने लगा तब आपको सबसे पहले खुद कीचड़ से बाहर आना चाहिए, स्वयं को जान कर ऊँचाई और समझ विकसित करनी चाहिए लेकिन, अगर आप स्वयं स्वक्ष हुए बिना दूसरों को बदलने की कोशिश करेंगे तो निश्चित ही आप फिर से कीचड़ में गिर जाएँगे। जो व्यक्ति अपनी सहायता नही कर सकता वो दूसरों की सहायता कभी नही कर सकता, जो अभी स्वयं अतीत, बेचैनी और सागाजिक ढर्रौ रो बंधा हुआ है वो किसी और को उन सब से आज़ाद नही करा सकता, अगर कोशिश भी करेगा तो स्वयं भी झूठा-मक्कार साबित होगा और दूसरे को भी

अंधी खाई में धकेल देगा, आज मॉडर्न जमाने के प्रवक्ता, कथा-वचाक, धर्म गुरु और सोशल-मीडिया में छाए हुए लोग लगातार बहुसंख्यक इंसानो को, कभी ख़त्म ना होने वाली दौड़ में समिल कर रहे, और इस दौड़ का परिणाम इतना भयंकर है कि अगर दौड़ में एक बार कोई शामिल हो जाए तो निकल पाना असम्भव हो जाता है, युवा अवस्था ही एक मात्र रास्ता है, जवानी में एक विरोध होता है हर चीज़ के लिए, और ताक़त भी पर्याप्त होती है, कोई जागा हुआ विद्रोही होता है जो इस ताक़त का उपयोग सही जगह विद्रोह करने में लगा देता है, और अंधी दौड़ से बाहर निकलकर दर्शक बन जाता है, फिर मौज में सारे अंधो को दौड़ता हुआ देखता है, कभी कभी कोई अंधा आँखो का इलाज करवाने के लिए छटपटाता है तब बाहर जो मज़े में जी रहा है वो मदद करने के लिए हाथ बढ़ाता है लेकिन, भेड़ चाल वाले अंधे लोग उस जागे हुए इंसान से सहायता के लिए आवाज़ लगाते है और जब वो मदद के लिए हाथ बढ़ाता है तब सारे अंधे लोग उसका हाथ काटने लगते हैं, उन अंधे और बेहोश लोगों से बर्दास्त नही होता की हम दुःख बेचैनी चिंता डर और लालच में दिन रात भाग रहे लेकिन, ये किनारे बैठ के जूस कैसे पी सकता है, हम रोते रहते हैं, लेकिन ये नाचता और गाता कैसे हैं, अंधो को ईर्ष्या होती हैं, इसके पास तो 1bhk फ़्लैट भी नही और मेरे पास कोठी है फिर भी वो सुख में कैसे है। ये अंधे लोग भले ही हाथ काट दें या फिर सर काट दें उस जागे हुए आज़ाद इंसान का, लेकिन वो फिर भी सहायता के लिए आएगा क्यूँकि उसके भीतर प्यार है, उसके भीतर आज़ाद हवाए हैं, वो करुणा से भरा हुआ है इसलिए जब तक वो जीवित है तब तक नाचके-गाके और चिल्ला चिल्ला के बताता रहेगा की भले ही तुम लोग अंधी दौड़ में हो लेकिन आँखो का इलाज सम्भव है, और एक बार आँखें ठीक हो जाएँगी तब तुम सब भी भेड़-चाल से बाहर निकल सकते हो, तुम सब भी डर लालच बेचैनी और दुःख से बाहर निकल कर आज़ाद जीवन जी सकते हो।

अध्याय 11

निर्णय से निर्माण

कुछ ऐसे नियम जिन्हें समझ लेने के बाद जीवन में एक सार्थक घटना घट सकती है, उन्ही नियमो में से कुछ की चर्चा हम आज यहाँ करंगे, अनेको आम आदमी इन नियमो को सुन के भी समझ नही पाएँगे और फिर से बेहोशी में डूब जाएँगे, लेकिन अगर कोई एक विद्रोही इंसान इन नियमो को समझेगा तो निश्चित ही भीड़ के रास्ते से निकल कर ऊँचा उठ सकेगा।

1- दूसरों को तुम्हारी ज़िम्मेदारी लेने से रोको- हम हमेशा चाहते है कि हमारी ज़िम्मेदारी कोई और ले, कई बार तो हम अपनी ग़लतियों की ज़िम्मेदारी भी दूसरो पर थोपने से पीछे नही हटते, और ऐसा करने से हम स्वयं को खोते जाते हैं, जो अपनी ग़लतियों की ज़िम्मेदारी नही ले सकते वो अपने जीवन की ज़िम्मेदारी कैसे ले पाएँगे, तो सबसे पहले हमें स्वीकारना होगा की ये जीवन हमारा है और इसको बेहतर बनाने की ज़िम्मेदारी सिर्फ़ और सिर्फ़ हमारी है। जीवन में दुःख का मुख्य कारण यही है, हमने दूसरों को जीवन का केंद्र मान लिया है, किसी व्यक्ति का व्यवहार आप को कई सालो तक उदास कर सकता है, किसी दूसरे ने आपकी कमियाँ गिना दी और आप तनाव में हैं, किसी ने तारीफ़ तारीफ़ कर दिया और आप फूलें नही समा रहे, जब तक जीवन बाहर से केंद्रित रहेगा तब तक हमें अनंत दुःख भोगते रहना होगा। हमारे जीवन में कोई प्राण नही हम लगातार यंत्रवत (machinery) जीवन जीते जाते हैं, विडम्बना ये है की उस मशीन का कंट्रोले किसी दूसरे के पास है, उसकी क्रिया-प्रतिक्रिया हमें जब चाहे तब गहरे दुःख में धकेल सकती है, इससे बड़ी

ग़ुलामी और क्या हो सकती है, क्या हमारा अपने पास कुछ नही क्या हमारी कोई सत्ता नही क्या, क्या हम ग़ुलाम ही हैं? हम तो है सम्राट, हमारी सम्भावनाए अनंत है, हमारा स्वभाव है स्वतंत्रता, लेकिन हम स्वयं को भूल बैठे हैं, हमने बाहरी विचारो और विषयों को अपने मन में इतने अंदर तक प्रवेश दे दिया है की वो हमारे केंद्र तक पहुँच गए हैं (जो मन से ना ऊतरे, माया कहिए सोय) बाहर का भी महत्व है लेकिन तब, जब तक वो भीतर नही आ जाती, निश्चित ही जूते का उपयोग है जब वो पाव में है, लेकिन 24घंटे मन में जूते का ही विचार चलने लगे तब ये भयानक बात है, पैसों का भी महत्व है, व्यक्तियों का भी, परिवार का भी और समाज का भी, लेकिन इनकी एक सीमा है, बाहर की चीजें बाहर ही ठीक है, भीतर तो सत्य का, भीतर तो प्रेम का भीतर तो करुणा का स्थान होना चाहिए, जानने वालों ने कहा है जो मन में छाया है उसे देखलो वही माया है, माया का मतलव झूठ है, चाहे वो कोई इंसान हो कोई वस्तु या विषय हो, अगर मन में छाया हुआ है तब वही दुःख की जड़ है, जो काम और विचार करने से जीवन में उलझाव दुःख तनाव बढ़ता दिख रहा हो तो समझ लीजिए बाहर का कचरा, भीतर के साफ़ सुथरे घर को गंदा करने लगा, बाहर के लोग हमें ये बात ज़रूर सकते हैं की कौनसी थाली सुंदर है, लेकिन उस थाली में कैसा भोजन करना है इसका चुनाव हमारा होना चाहिए, दूसरे ये बता सकते है की विवाह में कैसा डेकोरेसन करना है कैसे कपड़े पहनने है, लेकिन विवाह किस व्यक्ति से करना है इसका निर्धारण बाहर से नही होना चाहिए, जिस काम को करने से जिस बात को सुनने से जिस चीज़ को देखने से जिस व्यक्ति के साथ रहने से जीवन के उलझाव कम होने लगे, मन शांत और आज़ाद होने लगे केवल वही कार्य करने के लायक़ है।

2- सुरक्षित जीना बंद करो- समाज हमेशा ही हमें सुरक्षित जीवन जीने की राय देता है, जो व्यक्ति समाज के ढर्रों में चलता हुआ संरक्षित, सीमित और बधी हुई ज़िंदगी जीता है, उसका वहाँ बहुत सम्मान होता है, लेकिन इस सुरक्षा के

चुनाव में व्यक्ति अपनी आत्मा, अपनी सम्भावना अपनी ऊँचाई को खो देता है, और जिसकी पूरी जान लगाके सुरक्षा की थी उसे भी मिटना पड़ता है, यहाँ कुछ बच नही सकता चाहे हम जितना भी प्रयास करें, लेकिन फिर भी हम बचाने में अपना पूरा जीवन व्यर्थ कर देते हैं, और जो हमारा है जो मिट नही सकता उसे देखते भी नही।

कुछ वर्ष पहले की बात है, एक विशाल वृक्ष के दो बीज संयोगवस अलग-अलग जगह पहुँच गए, एक बीज को किसी धनी इंसान ने ख़रीद लिया था और उसे अपने घर की सोभा बढ़ाने के लिए गमले में लगा दिया, कुछ दिनो में बीज पौधा बन गया, घर के सभी सदस्य उसकी देखभाल करते, उसे पानी देते उसकी रक्षा करते, पौधा बहुत खुश था घरवालों ने पौधे का नाम-करण भी किया था, पौधा जिस घर में रहता था वहाँ सभी सुख-सुविधा की चीजें मौजूद थीं, धीरे-धीरे पौधा पूरी तरह से घर वालों के ऊपर आश्रित हो गया, बिना घरवालों के पौधे की कोई औक़ात नही थी, जब पौधा बढ़ने लगा तब उन्ही घरवालों ने उसकी जड़े काट डालीं ताकि पौधा गमले में सीमित रहे, समय बीतता गया घरवाले अब पौधे पर ध्यान नही देते थे पौधा सारा दिन उदास बैठा रहता, भूख प्यास लगने पर घरवालों की राह निहारता, कभी कोई मदद कर देता और कभी उसे प्यासा ही रहना पड़ता, उसका मन डर से भरा रहता, कही किसी का धक्का ना लग जाए कही कोई ठोकर न मार दे, क्यूँकि उसका जीवन एक ठोकर में ही समाप्त हो जाता, उसी चिंता बेचैनी और दुःख की ज़िंदगी जीते-जीते एक दिन पौधा सूख कर अपने प्राण त्याग दिए।

वहीं दूसरा बीज ग़ुलामी को ठुकरा के हवा के साथ उड़ते हुए जंगल में जा गिरा, कुछ दिनो बाद वो भी पौधा बन गया, एक भालू ने अपना पैर उसके ऊपर रख दिया जिस वजह से पौधा ज़ख़्मी हो गया, लेकिन कई सारे जंगली पेड़ों ने अपनी जड़ से उसे ऊर्जा दी, पौधा फिर से खड़ा हो गया, धीरे-धीरे समय के साथ पौधे की जड़े गहरी होती गईं और पौधा पेड़ बनता गया, उस पौधे ने कड़ी धूप

झेली, तूफ़ान और बरसात का सामना किया, सूखे के मौसम में बिना पानी के भी अडिग खड़ा रहा, इतने सारे दुःख और चुनौतियों ने उसे एक ताकतवर और सहनशील वृक्ष बना दिया था, अब उसकी जड़े अनंत गहराइयों में पहुँच गईं, और डालियाँ आकाश में झूमने लगीं, कड़ी धूप, तेज बारिश, भयंकर तूफ़ान जो पहले दुश्मन थे, अब उन्ही के बीच विशाल वृक्ष खेला करता था, बड़े-बड़े हाथी भी वृक्ष का कुछ नही बिगाड़ सकते थे, हज़ारों पक्षियों को उसने पनाह दी थी, लाखों जीव-जंतु उसकी शरण में रहते थे, जानवरो को छाया और ठंडी हवा दिया करता था, इतनी महानता और विशालता के बाद भी कभी अपने होने की अपने दानवीरता की घोषणा नही करता था, चुप चाप स्वतंत्र आकाश में झूमता रहता और लाखों जीवों को सहारा देता।

पहला पौधा सामाजिक पौधा है जो हमेशा दुःख से भागता रहता है जो सब सुख-सुविधा के बीच में होते हुए भी कमजोर और नपुंसक है, जो अपना भी पेट भरने में सक्षम नही है, जो आरामदायक जगह में रहने के बाद भी दूसरों के सहारे आश्रित है, जो दिन भर दूसरों को ही पुकारते हुए एक दिन सुख के मर जाता है...और दूसरा पौधा आध्यात्मिक पौधा है जो दुखो के बीच घूस कर चुनौतियों को स्वीकार करता है, जो हर समस्या को अवसर समझता है, जो सूखो से भरी हुई सीमित ज़िंदगी को लात मार के ख़तरों से भरी हुई असीमित और अनंत जीवन का चुनाव करता है। अब चुनाव आपका है आप कैसे जीवन को स्वीकारते है और अगर आप कोई चुनाव नही करते फिर भी समाज आपको गमले में लगा ही देगा, समाज और नैतिकता हर घड़ी लाखों बीजों को गमले में लगाता रहता है, और हमारी संभावनाओं की हत्या कर देता है, कभी ज़िम्मेदारी के नाम पर, कभी कर्तव्य के नाम पर, तो कभी धर्म के नाम पर। कोई विद्रोही ही होता है जो सारे प्रपंचो को लात मार कर सारी सुरक्षा को ठुकरा के स्वतंत्रता का चुनाव करता है, मैंने जहां तक समझा है तो इंसान की सिर्फ़ एक ही ज़िम्मेदारी है एक ही धर्म है स्वयं को जानना और

अपनी संभावनाओं की तरफ़ लगातार बढ़ते रहना, तब हो सकता है हम स्वयं तक पहुँच पाए और दूसरों को भी देने की योग्यता विकसित हो जाए।

3-अपनी संभावनाओं की ऊँचाइयों तक पहुचने का मार्ग- अगर हमें स्वयं के highest potential तक जाना जाना है, तो दूसरों को स्वयं पर हावी नही होने देना है, लोग हमें बता देते हैं अगर आपके पास फलाने ब्रांड का फ़ोन नही है तो आप समाज में जीने लायक नही हैं, और हम उसको पाने के लिए निकल पड़ते हैं, और जब वो चीज़ सरलता से नही मिलती तब हम चतुर और चालाक़ बन जाते हैं, तरह-तरह के झूठ बोलते हैं, सौ तरह के चेहरों से अपनी सहजता को ढक लेते हैं, और अपने असली चेहरे को भूल जाते हैं, अगर हमने होश पूर्वक शुरुआत में ही ये प्रश्र पूछ लिया होता की जिस चीज़ के लिए मै इतनी मेहनत कर रहा, अपने आप को बेच रहा, क्या वास्तविकता में मुझे उसकी ज़रूरत भी है, और अगर वो चीज़ मिल भी जाए तो क्या मेरी दौड़ रुक जाएगी, आज तक तो किसी की दौड़ खतम नही हुई, एक दौड़ के ख़त्म होते ही समाज दस नई दौड़ में लगा देता है, जीवन में दौड़ उसी व्यक्ति की रुकी है और केवल वही व्यक्ति शांति से भर पाया है, जिसने सही समय पे सवाल किए हैं, सवाल अपने आप से, क्या मै जिस इंसान जिस चीज़ और जिस विचार के पीछे भाग रहा क्या वास्तविक में उसकी ज़रूरत है और क्या उसके मिलजाने पर मै तृप्त हो जाऊँगा, अगर जवाब नही है, तो भागना व्यर्थ है, केवल उसी के पीछे भागने लायक़ है जिसके मिलने पर सारी दौड़ समाप्त हो जाए, सिर्फ़ वही चाहने लयक है जिसे पाने के बाद दूसरी चाहत ना उठे।

4- आम आदमी की तरह मत सोचो - सत्य जानने वालों ने एक बात कही है "जैसी मती, वैसी गती" रोज़मर्रा के जीवन में हमारे चुनाव हमारे निर्णय कैसे है इसी से तय हो जाता है, जीवन आकाश की तरफ़ जाएगा या फिर गहरी खाइयों की तरफ़, आम आदमी का नाम आम क्ँू है, कभी विचार किया है अपने? जैसे आम को निचोड़ा और चूसा जाता है उसी तरह आम आदमी को

संसार में निचोड़ और चूसा जाता है। आम आदमी वो नही है जिसके पास पैसे कम हैं या फिर घर छोटा है, और समाज में सम्मान नही है, इनमे से कोई भी आम आदमी नही है। इससे क्या अंतर पड़ता है, अगर किसी ने जादा ईंट पत्थर जोड़ लिए और उसमें रहता है, कोई कम ईंट पत्थर के घर में रहता है, क्या आपको इनमे कोई बुनियादी फ़र्क़ दिखता है, हाँ जो अंधा होगा वो झूठी कल्पना कर सकता है, अगर व्यक्तियों में कोई अंतर है तो सिर्फ़ एक.. चेतना का अंतर' यहाँ केवल दो ही पक्ष हैं एक वो जिनकी चेतना भ्रम, कल्पना और मोह, की वजह से सोई हुई है ऐसे लोग बहुसंख्यक है, दूसरा पक्ष जिसकी नींद खुल गई है जो जाग चुका है जिसने सारे भ्रम सारे सपने और समस्त मोह को जान कर उनके पार पहुँच गया है। जो आम आदमी है उसकी जीवनशैली निरर्थक और छोटी चीजों पे आधारित रहती है, छोटे का मतलब है जिन बातों और कर्मों के केंद्र में सरीर और मन हैं, जैसे क्या खाना है कब सोके उठना है सेक्स कब करना है, बुआ जी ने कुछ कह दिया, टी.वी सीरीयल को लेके बहस, पड़ोसी से तुलना, इन्ही विषयों में चर्चा या फिर विचार करते हुए अपना समय नस्ट करता है, इनके पास अपना कोई विचार कोई समझ नही होती ये यंत्रवत है। मन के तल वाले जिनके सपने बहुत बड़े है इनकी दौड़ लम्बी है, ये अपनी मर्ज़ी अपनी पसंद से जीना चाहते हैं, इन्हें चाय नही कॉफ़ी पसंद है इन्हें स्लीपर क्लास नही a.c क्लास पसंद है, चाहे इनके पिताजी जी मरने वाले हों लेकिन a.c की टिकट इनको ना मिले तब पिताजी को अपने बेटे से मिले बिना ही मरना होगा, ये सब लेवल वाले व्यक्ति हैं, ये वही है जो कहते फिरते है मै अपनी मर्ज़ी से जीता हूँ, शरीर और मन के तल में जो जी रहा, उसको देखने पर बाहर से बहुत फ़र्क़ दिखेगा, लेकिन भीतर से दोनो एक ही श्रेणी के लोग हैं, बस अपनी मर्ज़ी से जीने वालों ने भ्रम पाल लिया है की मै ऊपर हूँ। दोनो ये नही पूछतेकी जो कर रहे उसे क्यूँ करना है, शरीर वाला तो कह सकता है शारीरिक ज़रूरत है, लेकिन अपनी पसंद से जीने वाले लोग सबसे अधिक भ्रम और दुःख में जीते

है, इन्होंने कभी स्वयं से सवाल ही नही किया, जिसे हम अपनी पसंद कहते हैं क्या वास्तविक में वो हमारी है या फिर नही, अगर मै आपको दो विकल्प देता हूँ आप चाय लेंगे या कॉफ़ी और आपने चाय को चुना अपनी मर्ज़ी से, लेकिन मलिक आप हैं या फिर 'मै'जिसने आपको विकल्प ही सिर्फ़ 'दो' दिए, हमारी सारी पसंद और इक्षाए बाहर से आती हैं, समाज ने कुछ विकल्प दिए हैं, आप किस किस छेत्र में शिक्षा ले सकते हैं आपने उन विकल्पों में MBA को चुना और आपको भ्रम हो गया मैंने अपनी मर्ज़ी से चुना है, जैसे एक जज के द्वारा एक मुजरिम से पूछा गया, तुम फाँसी से मरना चाहोगे या फिर ज़हर पीकर, उस मुजरिम ने फाँसी का चुनाव कर लिया और घोसणा करने लगा की मै अपनी मर्ज़ी का मलिक हूँ 'my life my rule, हम सब भी मुजरिम हैं और सामाजिक व्यवस्था न्यायाधीस है, जो हर समय हमें मौत को चुनने का विकल्प देती है और हम बिना प्रश्न उठाए सब स्वीकारते जाते हैं। कुछ ऐसे विद्रोही और हिम्मती लोग होते है जो मन को भी दो कौड़ी की चीज़ मानते हैं क्यूँकि ऐसे व्यक्तियों ने जान लिया है ये मन भी मेरा नही, विकल्प और विचार भी मेरे नही, उस व्यक्ति की सारी उलझने सारी चालाकियाँ सारे प्रपंच समाप्त हो जाते हैं, ऐसा व्यक्ति सामाजिक ढर्रों से बाहर निकल कर निष्काम कर्म करता है और सुखी होता है, ये वही लोग है जिनकी चेतना के केंद्र में सच और उसे स्वीकारने का सहास होता है।

5- स्वयं को चुनौती दो - हम सभी की मृत्यु निश्चित है, यहाँ ऐसा कोई भी और कुछ भी नही जो मिटेगा नही। हम जो कुछ देख सकते हैं, सुन सकते हैं, महसूस कर सकते हैं, उन सब का मिटना तय है, लेकिन हमें कैसे जीना है ये हमारे हाथ में है, आम आदमी की तरह सुरक्षित और बंधा हुआ जीवन, डर बेचैनी जलन लालच और घुटन से भरा हुआ जीवन, जिसमें कोई आज़ादी कोई आनंद कोई प्रेम कोई निजता नही, अगर कुछ है तो बस निर्भरता, या फिर दूसरी तरफ़ बड़ी से बड़ी चुनौतियों का सामना करते हुए, ऊँचाइयों की तरफ़ बढ़ते हुए, ख़तरों

से जूझते हुए, परिस्थिति कैसी भी हो उसके सामने सर झुकाने से इनकार करते हुए, ऐसे जीने वाले लोग सागर की तरह आज़ाद और विशाल जीवन जीते हैं लेकिन सुरक्षित और संकुचित जीने वाले कुएँ के मेंढक की तरह।

'जीवन महासंग्राम है, मौत ही एक विराम है' हम सभी सच से भागते हैं और सुरक्षा के इंतज़ाम करते रहते हैं, हम हर चीज़ की गारंटी चाहते हैं, हम नौकरियों में गारंटी चाहते हैं की हमेशा रहे, हम अपने रिश्तों में गारंटी चाहते हैं की वो हमेशा रहे, इसी मानसिकता ने विवाह को जन्म दिया, विवाह हो गया गारंटी मिल गयी, चालीस साल तक मेहनत कर के सरकारी नौकरी प्राप्त कर लिया गारंटी मिल गई, हम कितने अंधे लोग हैं। रोज़ हज़ारों लोगों की लासे देख कर भी हम समझ नही पाते की हमारे जीवन की ही कोई गारंटी नही, जिन लोगों की मौत हो गई है, जब वो ज़िंदा थे तब वो सब भी गारंटी माँगते थे, उनकी भी चाहतें और इक्षाए थी, उनके भी सपने थे, शहर में 2bhk फ़्लैट हो, car हो, नौकरी हो, अपनी इक्षाओ के लिए वो दिन रात दौड़ा करते थे, झूठ बोलते थे, लड़ाई झगड़े किया करते थे दुःख सहते थे, अपना पूरा जीवन इसी भाग दौड़ बेचैनी में नस्ट कर दिया.. आज वो सब कहाँ हैं उनकी इक्षाए और चाहते कहाँ है, मै अगर पुछू आप के परदादा के पिताजी का नाम क्या है? शायद ही किसी को पता हो, उनकी भी भाग दौड़ और इक्षाए हमारे जैसे ही थी, लेकिन हमें उनका नाम तक नही पता। हम डरे हुए लोग हैं, और डरा हुआ व्यक्ति कभी बड़ी चुनौतियों को स्वीकार नही कर सकता है, जो व्यक्ति छोटी छोटी चीजों में और छोटी बातों में संतोष कर लेता है वो सबसे अधिक डरा हुआ इंसान है, उसके भीतर कोई साहस कोई ऊर्जा नही है, मै जब छोटा कहूँ तो उसका मतलब बाहर की चीजों और बाहर की बातों से है, और जब बड़ा कहूँ तो उसका अर्थ सत्य, आज़ादी, प्रेम, और आनंद से है। बड़ी चुनौतियों तक वही पहुँच पाते हैं जो छोटी और नीचे की चीजों को लात मारने का साहस रखते हैं। हम सभी भय से भरे हुए लोग है, कुछ ना मिलने का डर, कुछ समाप्त

होने होने का डर, समाजिक इज्जत का डर, परीक्षा का डर, रोज़ खबरें आती रहती हैं, किसीने आत्महत्या करली क्यूँकि परीक्षा में सफलता नही मिली, किसी ने आत्महत्या करली क्यूँकि चुनाव नही जीत पाए, ये सब भयभीत लोग हैं, इन्हें जीवन का कुछ पता नही। और कुछ लोग आत्महत्या तो नही करते लेकिन, हर पल घुट-घुट के मरते रहते है, लेकिन डर को कभी जान नही पाते हमेशा डर से भागते फिरते हैं, कभी पूजा पाठ करके, कभी फ़िल्में देख के, कभी सेक्स करके तो जभी सराब पीकर, लेकिन कभी डर को जानने का साहस नही जुटा पाते। आपने जानवरो को देखा होगा जब वो डर जाते है तब हमला करते हैं, ठीक उसी तरह से डरा हुआ इंसान क्रूर और हिंसक हो जाता है, उसके भीतर कोई प्रेम कोई करूणा कोई दया नही होती, भयभीत व्यक्ति जानवर हो जाता है, भय हमारी ही बनायी हुई मानसिक कल्पना है, जिस दिन हम भय को जान जाते हैं, उसी दिन भय से मुक्त भी हो जाते है। अष्टावक्र कहते हैं जान लेना पर्याप्त है, लेकिन हम नही जानना चाहते, अगर हमें कोई बताना भी चाहता है तो हम कान बंद कर लेते हैं क्यूँकि जानने के लिए सतत होश चाहिए, ईमानदारी चाहिए, नैतिकता वाली ईमानदारी नही, कि पैसे नही चुराता, मै अच्छा आदमी हूँ, ये सब बातें दो पैसे की नही हैं, मै बात कर रहा आत्मईमानदारी की, लेकिन हम सभी बेहोश ही रहना चाहते हैं हम निरंतर स्वयं को ही धोखा दिए चले जाते है।

कई साल पहले जेल में एक क़ैदी बंद था, जिस कमरे में वो बंद था वहाँ मनोरंजन की सब सुविधा थी, टी.बी लगा हुआ था, अख़बार आते थे, शराब थी, वो व्यक्ति इन्ही सब चीजों में व्यस्त रहता, कभी कोई बाहर से आता और उस क़ैदी की हालत देखता तो उसके सामने चिल्ला के घोस्णा करता, ये तुम क्या पागलपन की हरकत कर रहे, बाहर विराट अस्तित्व है, बड़े पहाड़ हैं, नदी है, झरने और सागर है, इस क़ैद से तुम भागने का प्रयास क्यू नही करते, ऐसी बातें सुन कर क़ैदी डर जाता और जल्दी जल्दी सराब पीने लगता ताकि वो

भूल जाए कि वो क़ैद में है, और ग़ुलाम है। हम सब भी ग़ुलाम हैं, मानसिक ग़ुलामी, सामाजिक ग़ुलामी, फिर भी हमारा अहंकार हमें चुनौती स्वीकार नही करने देता क्यूंकि चुनौतियों में ख़तरा है, लेकिन ख़तरे के उस पास आज़ादी, खुली हवा, चमकता सूरज, सुंदर पहाड़ हैं। जो स्वयं को जानने के लिए ख़तरा नही उठा रहा, उस क़ैदी की तरह मनोरंजन के पीछे छुप रहा, मौत इसकी भी होगी, दूसरी तरफ़ जो ख़तरा उठा रहा, होश को स्वीकार कर रहा है, मरना इसे भी है लेकिन, इसकी मौत में कुछ ख़ास है, हो सकता है ये आज़ादी के प्रयास में मर जाए तो भी इसके भीतर गरिमा होगी की इसने प्रयाश किया, और अगर आज़ाद हो गया तब स्वतंत्र आनंदित तृप्त होके मरेगा। चूहे और गीदड़ जैसे मरना है या फिर शेर की तरह, अगर चूहे की तरह मरना है तो छोटी चुनौती छोटी बातें डर ग़ुलामी में जीते रहिए, और सिंह की तरह मरना है तो अकेले चलने का साहस और चुनौतियों का सामना करने की ताक़त चाहिए होगी।

अध्याय 12

तनाव और बंधन

जीवन में कई बार हम सभी तनाव का सामना करते हैं, और कुछ लोग लगातार तनाव में ही जी रहे होते है, आख़िर तनाव है क्या? मनोविज्ञान कहता है जब हमारे दिमाग़ में खिंचाव की स्थिति बनती है उसे तनाव कहा जाता है, आप चाहते कुछ और हैं और हो कुछ और रहा, उस वक्त आपके दिमाग़ में तनाव पैदा होता है, आप की इक्षा है शेयर बाज़ार ऊपर उठे लेकिन बाज़ार नीचे ही जाता जा रहा अब आपका मन तनाव में है, एक शब्द में कहें तो, आपके मन की इक्षा जब पूरी नही होती तब मन तनाव उत्पन्न करता है, लेकिन ये मन है कौन, क्या ये मन आपसे पूछ के किसी चीज की इक्षा करता है, क्या ये मन हमारा है या नही, क्या हमने कभी पूछा है, हम व्यस्त लोग हैं हम कहा कभी कुछ पूछते हैं, और एक दिन ऐसा वक्त हमारे सामने आ जाता है, जब हम पूछना भी चाहे तो पूछ नही पाते, किसी ने आपसे कहा सेयर बाज़ार से मैंने लाखों कमाए, आपको उसका कुछ पता नही है लेकिन आपका मन आपको सपने दिखाने लगा, ख़्वाबों की दुनिया में आप भी लाखों कमाने लगे और बिना विचार किए आप ने बाज़ार में छलांग लगा दी और अपने सारे पैसे डुबो दिए, अब आप तनाव में हैं, जब आपका मन आपको सपने दिखा रहा था उस वक्त अगर अपने एक प्रश्र पूछ लिया होता, ये सपने है किसके? मन मौन रह जाता, मन हमेशा मौन ही रह जाएगा जब कोई प्रश्र किया जाएगा, सपने समाज ने दे दिए, विचार लोगों ने दिये, आपका अपना आपके पास क्या है, ना मन आपका ना निर्णय आपका ना चुनाव आपका ऐसी परिस्थिति में आप

जो भी करेंगे आपका हारना तय है, और जिस दिन आपके निर्णय आपके होंगे, समाज का बंधन नही, विचार आत्मा से उठेगा चालाकियों से नही, जिसमें आपकी हार्दिकता समिल होगी, फिर आप जो भी कार्य करेंगे निर्भय होके करंगे, कुछ पाने के लिए कुछ जीतने के लिए स्वार्थ के लिए नही, बस अपने आनंद के लिए क्यूंकि उस कार्य से इतना प्रेम है इसलिए करना है, और जहां स्वार्थ नही वहाँ तनाव चिंता बेचैनी घबराहट, कभी प्रवेश ही नही कर पाते, बाहर खेल चलता रहता है लेकिन कुछ ऐसा है जो अकंप है स्थिर है शांत है और आनंद से भरा हुआ है।

कई वर्ष पहले राघव सेठ नाम का एक व्यापारी हुआ करता था, वो हमेशा अत्यधिक प्रसन्न और आनंद में रहता था परिस्थिती कुछ भी हो लेकिन उसकी मौज और उसकी हार्दिकता कभी जाती नही थी, चाहे व्यापार में कितनी भी हानि हो जाए, चाहे वो बीमार हो लेकिन उसकी आँखो में उसकी आज़ादी और मस्ती बनी ही रहती थी, ये सब देख कर सहर के सारे लोग उससे जलते थे की हम दिन रात तनाव बेचैनी और परेशानी में जीते है, लेकिन वो इतने आनंद में कैसे रहता है, शहर का सबसे अमीर व्यापारी भी हमेशा तनाव और उलझन में रहता था उसको भी राघव सेठ से ईर्ष्या होती की मेरे पास तो उससे बड़ा मकान है, उससे अधिक धन है, व्यापार भी कई देशों में फैला हुआ है, मेरी बराबरी किए बिना कोई कैसे इतना मस्त रह सकता है। एक दिन उसने सहर के सब व्यापारियों की बैठक बुलवायी सिवाय राघव सेठ के, और उन्होंने निर्णय किया की कुछ करना है, जिससे राघव सेठ की मौज खो जाए और वो भी दुःख में चला जाए, वो करते भी क्या एक दुखी इंसान दुःख ही बाटना चाहेगा, सुख और आनंद तो वही बाटेगा जो स्वयं आनंदित हो, उन्मे से एक चालाक़ व्यक्ति ने सलाह दी कि उसे एक तांत्रिक के विषय में पता है हमें उससे सहायता लेनी चाहिए, कुछ दिनो में उस तांत्रिक को बुलाया गया और सारी बात उसे बताई गई उस तांत्रिक ने उन्हें एक चमत्कारी सरबत दिया और

उसे राघव सेठ को पिलाने के लिए कहा जिसे पीने के बाद उसकी सारी मौज सारा आनंद समांपत हो जाएगा, हुआ भी वही उन सारे लोगों द्वारा योजना बना के सरबत पिला दिया गया, और उस दिन से राघव सेठ मुरझा गया, उसकी सारी मस्ती सारा आनंद विलुप्त हो गया, जिसके पास पहले कुछ भी ना रहे, जेब बिल्कुल ख़ाली हो फिर भी सम्राट जैसी प्रसन्नता रहती थी, आज उसके पास सब कुछ है फिर भी वो गली गली भिखारियों की तरह भटकता है, राघव सेठ अपने आप को को भूल गया अपने वास्तविक स्वभाव को भूल गया। हम सब भी राघव सेठ है हमने भी स्वयं को भुला दिया है, समाज और बाज़ार हमें भी रोज़ चमत्कारी सरबत पिलाता है, अगर तुम्हारे अंक परीक्षा में कम आए तो तुममें कुछ कमी है, सरबत पिला दिया गया, अगर तुम्हारे पास फ़लानी नौकरी नही है तो समाज तुम्हारी इज़्ज़त नही करेगा, सरबत पिला दिया गया, अगर तुम्हारे पास इतनी मात्रा में धन नही है और तुम्हारी चमड़ी गोरी नही है तो तुममें कुछ खोट है, फिरसे सरबत पिला दिया गया। समाज रोज़ हमें नए-नए सरबत पिलाता है और हमें भिखारी बना देता है, भीख चाहे पैसों की हो या फिर सम्मान की, भीख तो भीख है, हम सभी रात दिन स्वयं को खपा रहे की समाज में सम्मान मिल जाए, रात दिन झूझ रहे रहे की चार लोग तारीफ़ कर दें, हम दान पुण्य भी इसीलिए करते है ताकि किसी की दृष्टि पड़ जाए, कोई नेता भाषण देता है उसके मन में निरंतर बना रहता है लोग क्या सोचेंगे, तालियाँ बजेंगी या नही, निरंतर मन में तालियों की भीख माँगता रहता है। हम चार लोगों के सामने कोई बात रखते है और सोचते रहते है की मेरी बात को लोग सही माने, फिर आपने भीख माँगी, यहाँ हर कोई भिखारी है और दुःख की बात ये है की एक भिखारी दूसरे भिखारी से दिन रात भीख माँग रहा, कोट-पैंट पहने हुए बड़ी कार से चलने वाले भिखारी।

सम्मान तो स्वयं के प्रति होना चाहिए क्यूंकि हम दूसरों को धोखा दे सकते है झूठ बोल सकते हैं बेईमानी कर सकते हैं, कई वर्षों के अभ्याश से हम बेईमानी

करने में महारथी हो गुए है, लेकिन हम ये भूल जाते हैं की ऐसा सम्मान और प्रतिष्ठा दो कौड़ी का भी नही है, जैसे कोई बच्चा जिसको परीक्षा में शून्य मिले हों, वो उसके आगे एक जोड़ कर उसे दस बना देता है, ऐसा करने से उसे हो सकता है घर में सम्मान मिल जाए लेकिन उसकी हैसियत भीतर से उसको पता होती है, इससे बच्चे को झूठा सम्मान तो मिल जाएगा लेकिन उसमें सार्थकता कुछ नही, उसका उपयोग कुछ नही, साथ ही उसने बेईमानी को भी मज़बूत कर दिया, कल जब ये बड़ा होगा और इसको जीवन के गम्भीर विषयों में निर्णय लेने होंगे उस वक्त भी उसका मन सोचेगा मेहनत क्यू करनी है इसे तो बेईमानी और चालाकी से हासिल किया जा सकता है, अगर समाज ने ये नही कहा होता कि जिसके अच्छे अंक आते है उसी को सम्मान मिलता है तो हो सकता है वो बच्चा अपनी कमियों को स्वीकार करता, स्वीकार करने में एक गरिमा है, अपनी कमियों को देख कर अगली बार प्रयास करता और बेईमान होने से बच जाता। हम कितने ही सफ़ेद कपड़े पहन ले हमारे अंदर का कालापन हमें पता होता है, हम कितने ही इत्र और सुगंध से स्वयं को ढकने का प्रयाश करें लेकिन हमारे भीतर की गंदगी नही मिटती, कीचड़ के ऊपर इत्र डालने से कीचड़ नही हटता, उसे हटाने की नियत होनी चाहिए, लेकिन हम गंदगी मिटाते नही उसे छुपाते रहते है, कभी सुन्दर सब्दो से कभी सुंदर वस्त्रों से और अंदर ही अंदर वासना, हैवानियत और भय की हुकूमत चलती रहती है, अगर हम अपनी कमियों अपनी मूर्खताओं और अपने अंधविश्वसो को ध्यान से देख कर स्वीकारते है की हाँ हमारे भीतर अनेक कमियाँ है, आप स्वयं से कहते है की मेरे भीतर खोट है लालच है, मै गिरा हुआ हूँ लेकिन, ये मेरी नियती नही है मै ऐसा होने के लिए नही हूँ, भले ही कीचड़ में गड़ा हूँ लेकिन मेरी मंज़िल तो आसमानो में है, ईमानदारी से भरा स्वीकार ही हमें सारी कमियों को दूर करने के लिए सहास देगा, जिसने जान लिया की मै नाले में गिरा हूँ वही नाले से बाहर आएगा और स्नान करेगा, लेकिन जिसने नाले को ही गंगोत्री मान

लिया है उसके लिए कोई मार्ग कोई शास्त्र नही, अपनी हालत का अवलोकन करके उसका स्वीकार करना ही स्वयं के प्रति प्रेम है, तो सर्वप्रथम स्वयं के लिए सम्मान दूसरों से भीख नही, क्यूँकि ऐसा होने पर आप जो अच्छा करेंगे उस करने में ही पूर्णता होगी, जैसे कोई व्यक्ति अगर दान करे, बिना ये विचार किए की दूसरे उसका सम्मान करेंगे, बस दान करे तब उसका मन तत्छण आनंद से भर जाएगा उसे किसी स्वीकृति की आवश्यकता नही होगी, और अगर वो ये सोच कर दान करेगा की दान के बाद लोग उसे सम्मान दें उसकी प्रसंसा करे, तब उसे दुःख सहना होगा दान करने के बाद लोगों के सम्मान की प्रतीक्षा में जलेगा और जब सम्मान नही मिलेगा तब ईर्ष्या से भर जाएगा, तनाव इसे घेर लेगा और फिर कभी दान नही करेगा, इसने दोनो तरफ़ से स्वयं को अंधकार में धकेल दिया।

अध्याय 13

मौत से पहले पूर्णता

जन्म लेने के बाद इंसान हर पल मरता रहता है लेकिन फिर भी उसे मौत की कोई याद नही रहती, कभी कोई दुर्घटना, कोई गहरा दुःख या फिर शंतो की वाणी हमें मौत की सच्चाई बताते हैं लेकिन हम, जल्द से जल्द सच को भूलने का उपाय ढूँढ लेते हैं, कभी शराब पीके, कभी बाज़ार में खुद को झोंक के, तो कभी और सौ चीजों से खुद को भर के, लेकिन क्या चूहा अगर आँखे बंद कर लेगा तो ख़तरा टल जाएगा, लेकिन हम सब चूहे हैं जो आँख बंद करके सोचतें है हम बच गये, हम मूर्ख हैं और हमारी मूर्खता की कोई सीमा नही, सम्भावना है अगर हम आँख उठा के ख़तरे को समझते और फिर उसका सामना करते तब हम बच भी सकते थे, लेकिन हम भीड़ के साथ चलने वाले लोग है, भीड़ हमें बताती है कैसे जीना है, कैसी बातें करना है, क्या खाना है, क्या सोचना है, सब कुछ भीड़ तय करती है, लेकिन भीड़ मौत के बारे में हमें कभी नही बताती, भीड़ आपको जीवन बीमा बेच रही है, और बता रही जीवन के साथ भी जीवन के बाद भी, जिसको इस जीवन का कुछ पता नही वो आपको जीवन के बाद का भी आश्वासन दे रहे, और हम अंधे लोग है हम भीड़ की और बाज़ार की बात लगातार सुनते जाते है क्यूँकि बाक़ी के लोग भी वही कर रहे, अगर पिता ने कोई गलती की तो बेटे का धर्म है उस गलती का अवलोकन करे और भविस्या में फिर भूल ना हो ऐसी स्थिति निर्मित करे, लेकिन हम उल्टे लोग है हम गलतियाँ ही ये बोलके करते है, ये तो हमारी परम्परा है पीढ़ियों से चली आ रही, पीढ़ियों से जानवर की बलि दी जा रही इसलिए हम भी देंगे, हमारे पूर्वज

दहेज लिया करते थे इसलिए हम भी लेंगे, अगर हम भी वही करंगे तो बदलाव कौन लाएगा क्रांति कौन करेगा परिवर्तन की हवा कहा से बहेगी, सत्य की जय कैसे होगी, हमें जागना होगा क्यूंकि जागने के अतिरिक्त कोई मार्ग नही, हमें लड़ना होगा क्यूंकि अगर हम नही लड़ेंगे तो हम उस परमशक्ति का अपमान करंगे जो हमारे पास है, हमारे भीतर कोई है जो हर पल सच की पुकार कर कर रहा, कोई है ज़ो हमें आज़ाद देखना चाहता है और फिर भी अगर हम नही सुनना चाहते तब हमें घुटन की बेड़ियों में बंधे और बंधन में जकड़े हुए बुरी मौत मरने के लिए तयार रहना चाहिए। मौत परम सत्य है, राजा भी मरेगा प्रजा भी, रोगी भी मरेगा और वैद्य भी, यहाँ कोई बच नही सकता है, लेकिन मरना कैसे है इसका निर्णय स्वयं इंसान करता है, कबीर कहते है, 'आए है तो जाएँगे राजा रंक फ़क़ीर, एक सिंघासन चढ़ी चले एक बधे ज़ंजीर' मरना यहाँ सबको को है लेकिन, जो जीवन के रहते ही मौत को जान गया वो मौत से मुक्त हो गया उसे मौत भी अब बांध नही सकती और जिसने पूरा जीवन ही बंधनो में बिताया और अपनी आँखे कभी नही खोली अब वो हमेशा के लिए इस जीवन और मृत्यु की ज़ंजीर में बध गया है, जीते जी हमें इस अवसर का लाभ उठाके जीवन और मृत्यु के इस पहिए से बाहर आ जाना चाहिए, यही जीवन एक उपाय है अन्यथा हम इसी तरह घुट घुट के जीते और मरते रहेंगे।

वास्तविक मौत को हम जान ही नही पाते हम टुकड़ों में मरते रहते हैं, जिसका परिचय एक बार असली मौत से हो जाता है, वोकोई सौभाग्यसाली बिरला ही होता है, ऐसे व्यक्ति को फिर बार बार नही मरना पड़ता ये आम आदमी की तरह घुटन में नही मरता, ये बाज़ार और संसार के आगे आँखें नीचे करके नही चलता, ये आदमी आज़ाद और बेफ़िक्री में जीता है क्यूंकि इसने असली मौत को जान लिया देख लिया अब इसे कोई डर कोई बेचैनी नही है ये मुक्त है। और वही दूसरी तरफ़ आम आदमी जिसे मौत का कुछ पता नही वो हर पल भय से बेचैनी में गुज़ारता है, कभी बाज़ार में लतियाया जाता है, कभी घर में कभी यहाँ

कभी वहाँ चरो तरफ ठोकरें और दुःख पाता है, इस आदमी की ऐसी दुर्दसा भी इसीलिए है क्यूँकि ये भय से भरा हुआ है, इसे कुछ खो जाने का कुछ मिट जाने का कुछ दूर हो जाने की बेचैनी हर पल खाए जाती है, क्यूँकि ये भयभीत है इसीलिए हर जगह इसे ठोकरें, पीड़ा और बेचैनी का सामना करना पड़ता है, ये वही इंसान है जो हर समय मौत से भागता रहता है मौत को भुलाने के लिए सौ प्रपंच रचता है, कभी बाज़ार में ख़रीददारी करके कभी किसी का सम्मान पाकर, तो कभी पद प्रतिष्ठा की आड़ में, ये हर तरीक़े का उपाय करता है मृत्यु को भूल जाने के लिए, और वो आम आदमी और कोई नही हम और आप है, क्या हम कभी मौत पर चर्चा करते हैं, क्या हमने कभी दो घड़ी भी मौत का विचार किया है, मौत अकाट्य सत्य है फिर भी उसकी कोई चर्चा कोई विचार नही, उसके प्रति कोई होश नही, लेकिन जो बातें जो विषय दो कौड़ी के हैं उन पर हम दिन रात बहस करते रहते है, पड़ोसी ने कुछ बोल दिया उसपे बहस नेताओ को लेके बहस, फ़िल्म स्टार के बारे में रात दिन बातें, किसी ने फ्लॉट में एक इंच आगे दीवाल खड़ी करदी और हम मारने मरने पे उतर आते है। जिसे अपना कुछ पता नही जिसे अपने चित्त और अपनी चेतना का कुछ पता नही वो दुनिया को भी जीत लेगा फिर भी मारेगा कुत्ते की मौत ही, जैसे एक जानवर के हाथ में कोई सूपर-कम्प्यूटर पकड़ा दे, वो अब क्या करेगा उसके साथ?ज़्यादा से ज़्यादा उसके चीथड़े उड़ा देगा, ठीक उसी तरह एक आम इंसान जिसको कोई आत्मज्ञान नही, जिसे ना जीवन का कुछ पता ना मृत्यु का कुछ पता, ना सत्य का कुछ पता, ऐसा व्यक्ति अगर पूरी दुनिया जीत भी लेगा तो उसका करेगा क्या? वही करेगा जो उस जानवर ने किया था उसके चीथड़े। हम साधनो के पीछे दौड़ते हैं, शून्य से शुरू करते हैं फिर, थोड़ा और थोड़ा और, की श्रींखला में फँस कर जीवन खपा देते हैं, लेकिन कभी ये नही पूछते की जो एकत्रित किया उसका करना क्या है, उसकी उपियोगिता क्या है, धन साधन है जैसे एक वाहन साधन है उसकी मदत से हम एक जगह से दूसरी जगह

यात्रा कर पाते हैं लेकिन उसी वाहन को देवता मान कर अगर हम उसकी पूजा करने लगे, उस वाहन से कोई यात्रा ना करे, बस उसे सजा सवार कर घर में रखें, वाहन की चोरी न हो जाए इस भय में जिएँ, तब हम लोगों से बड़ा मूर्ख कोई नही हो सकता, लेकिन हममें से अधिकांश लोग ऐसे ही हैं, धन का करना क्या है, धन का जीवन में उपयोग क्या है, ये तो समझ ही नही पाते बस साधन को ही अधिक से अधिक इकट्ठा करने में जीवन व्यय कर देते हैं, हमारे मूर्खता की कोई सीमा नही होती, हर समय साधन इकट्ठा करने की चर्चाएँ, रणनीतिया, छिना-झपटी, प्रतियोगिताए, लेकिन उस साधन का उपयोग दो कौड़ी का नही, घर बसाना है पेट पालना है, बच्चे पैदा करने हैं, अगर इसलिए अपना जीवन धन और साधन इकट्ठा करने में लगा रहें, तब हम अभी जानवर ही हैं, बस हमारी भेष-भूषा भिन्न है, हम सहर में रहने वाले कोट पैंट पहनने वाले, और अंग्रेज़ी भासा बोलने वाले जानवर है, बाक़ी दूसरा कोई रत्ती भर फ़रक नही, जानवर भी दिन रात पेट के विषय में, सम्भोग के विषय में, सोचता रहता है, और उसी के लिए दिन रात दौड़ता है, क्या हममें और उस जानवर में ज़रा भी फ़र्क़ नही है? फ़र्क़ है, इसीलिए हमारे बीच, राम, बुद्ध, कृष्ण, महावीर, पैग़ाम्बर और कई सैकड़ों महापुरुष हुए, केवल उन्हें ही इंसान कहा जा सकता है, उन्होंने ही हमें बताया की हम पसु नही हैं, हमारे भीतर एक ऊँची चेतना है, हम भले ही पैदा कीचड़ में हुए हो लेकिन हमारी मंज़िल आकाश है पर हम चालाक़ लोग हैं हम किसी कृष्ण किसी महावीर की बात नही सुनते हम उनकी पूजा करने लगते हैं और अपना घटिया धंधा ये कह कर चलाए जाते हैं की वो तो भगवान है, हम साधारण लोग हैं। ऐसा क्या है जो हमें पसु से अलग बनाता है? आइए समझते है..

जैसे एक गधे को गाजर दिखा कर लोग उससे जीवन भर मज़दूरी करवाते हैं, फिर भी गधा कोई सवाल नही पूछता और पूरी ज़िंदगी उसके पीछे भागता है, गधे की मानसिक समझ ही पेट तक है, दुनिया का कोई दूसरा जानवर कभी

सवाल नही करता की वो कौन है? उसका जन्म क्यू हुआ? उसका लक्ष्य क्या है? सारे पसु पक्षी की समझ ही उनकी देह तक है, चिड़िया अपने लिए सुंदर घोशला बना लेती है उसने किसी विश्वविद्यालय से नही सीखा, भेड़िए झुंड में रहते हैं और साथ मिलकर शिकार करते हैं, उन्हें किसी ने भाईचारे और एकता के पाठ नही पढ़ाए, जो उनके पेट के लिए, सरीर के लिए आवश्यक है, वो सब उनकी प्रकृति में जन्म के साथ ही है, सिर्फ़ इंसान ही ये पूछता है कि मै कौन हूँ, मै क्यू हूँ, मेरा ऊद्देस्य क्या है, और जो व्यक्ति ये प्रश्र नही करता भेड़ बकरियों की तरह जीता रहता है वो अभि पसु ही है, इंसान होने का पहला प्रमाण है सही सवाल और जिज्ञासा, प्यास हम सब के भीतर है हम सब कुछ ना कुछ टटोल रहे, कुछ न कुछ पकड़ रहे और भटक रहे, लेकिन हमें प्यास किसकी है इसका कुछ पता नही क्यूँकि इस बाज़ार ने हमारी बुद्धि, हमारे मन पर क़ब्ज़ा कर लिया है।

जैसे कई साल पहले एक आदमी रास्ता भटक गया था और किसी दूसरे नगर में जा पहुँचा, वो बहुत प्यासा था उसी रास्ते से एक फ़क़ीर गुजर रहा था, फ़क़ीर से उस व्यक्ति ने कहा की मै प्यासा हूँ, उस फ़क़ीर को उस पर दया आ गई, फ़क़ीर ने उसे बाज़ार तक पहुँचाया और एक दुकान के सामने रखे मटके की तरफ़ इशारा कर के उसे बताया की जाओ बुझालो अपनी प्यास, उस व्यक्ति ने फ़क़ीर को धन्यवाद देकर भागता हुआ गया लेकिन उसने मटके की तरफ़ देखा भी नही, सीधे उस दुकान में प्रवेश कर गया, वो आभूषणो की दुकान थी, प्यासा आदमी वहाँ से सोने चाँदी के आभूषण ख़रीदने लगा लेकिन सोने चाँदी से आज तक किसकी प्यास बुझी है, वो व्यक्ति ज़मीन पर गिर गया और बेहोश होने लगा, उसने मदद के लिए लोगों को पुकारा, तब दुकान वाले ने उससे कहा की ये नौलखा हार बहुत बहुमूल्य है, इस जैसा दुनिया में दूसरा कोई नही, आप इसे ख़रीदिए इससे आपकी प्यास बुझ जाएगी, ये सब देख कर फ़क़ीर बहुत हैरान हुआ की, कैसे पागल लोग हैं, उस फ़क़ीर ने संसार की आशक्ति

को त्याग दिया था लेकिन उससे रहा नही गया, उसने मटके से पानी निकाल कर उस आदमी को पिला दिया, उसकी जान बच गयी। कुछ समय बाद उस फ़क़ीर को वहीं के प्रसासन द्वारा गिरफ़्तार किया गया और उसपे मुक़दमा चलाया गया, अंत में उसको मौत की सजा सुनायी गयी, सजा दिलवाने वाले वकीलों की दलील थी की, इस फ़क़ीर ने देश के सबसे अमीर आदमी को जो पूरी दुनिया के हीरे जवारात ख़रीद सकते हैं, उन्हें इसने मिट्टी के बरतन से ज़हर पिलाने का प्रयास किया है। ये तो बस कहानी थी लेकिन हम सभी की ज़िंदगी ऐसी ही है, प्यासे तो हम सभी है इसमें कोई सक नही, लेकिन प्यास किस चीज़ की है इसका कुछ पता नही, न कभी हम खुद से पूछते है, बाज़ार हमें बता देता है फलाने तरह के कपड़े पहनने से तुम तृप्त हो जाओगे, फ़लानी फ़लानी वस्तुयें इकट्ठी कर लेने से तुम तृप्त हो जाओगे, तरह तरह के विज्ञापन बताते रहते है उसका सामान ख़रीदने से तुम पूर्ण हो जाओगे, लेकिन आज तक मानव इतिहास में किसी की प्यास बाहर से बुझ नही पाई, ना सिकंदर की ना किसी गरीब मज़दूर की। अब सवाल ये है की प्यास बुझेगी कैसे, तृप्ति और संतुष्टि जीवन में आएगी कैसे? इसके लिए सबसे पहले समझना होगा आख़िर हमारे भीतर प्यास किस चीज़ की है, हम क्यू अधूरा महसूस करते हैं अगर हमारा पेट भी भरा है हम आरामदायक भवन में a.c के नीचे बैठे हों, सुंदर स्त्री य पुरुष भी साथ में हो, फिर भी हम बेचैन रहते है, ख़ालीपन से भरे रहते हैं, दुःख हमारा पीछा नही छोड़ता है, ऐसा क्यू है, ऐसा क्या है जो मिल जाए तो तृप्ति मिल जाए, हमें शांति मिल जाए, हमारी व्याकुलता मिट जाए, हम जन्म से ही बड़े व्याकुल हैं। कभी गौर किया है जिस बच्चे का अभी अभी जन्म हुआ हो जो महीनो का है, वो भी कुछ ना कुछ पकड़ने की कोशिश करता रहता है, और जब उसे कुछ नही मिलता तो अपना अंगूठा ही पकड़ता है, हमारे जन्म के साथ ही हमारे भीतर व्याकुलता का जन्म भी हो हो जाता है, बेचैनी तड़प और दुःख के साथ जन्म लेना स्वाभाविक है, लेकिन उसी बेचैनी तड़प और दुःख में

मर जाना हमारा दुर्भाग्य है, जिसकी मृत्यु दुःख और बेचैनी के साथ हो जाती है ऐसा मनुस्य जीवन के संग्राम में उत्तीर्ण नही हो सका, उसकी उम्र कितनी भी हो, लेकिन वो नवजात शिशु से आगे नही बढ़ पाया, और जब तक जीवन की परीक्षा में हम उत्तीर्ण नही होंगे तब तक हमें फिरसे परीक्षा देने आते रहना होगा, ये सिलशिला युगों युगों तक भी चल सकता है, लेकिन अगर हमारे भीतर आँख खोल कर, सत्य को देखने की हिम्मत है तब निसंदेह हम इस चक्रव्यूह से बाहर निकल सकते हैं, और अगर हमें सपने ही प्रिय हैं, और हम बेहोशी में ही जीना चाहते है, तब हमारे लिए कोई मार्ग कोई उपाय नही है तो सबसे पहले सपनो से बाहर आना है, हमें सारी आशाओं सारी अपेक्षाओं को धराशाही कर देना है, और उसी के साथ हमें हर घड़ी याद रखना है की हमारे पास सीमित समय है, कभी भी मौत दरवाज़ा खट- खटा सकती है, पहला नियम सपनो के प्रति निर्ममता, और सत्य को स्वीकारना, दूसरा नीयम निरंतर मृत्यु का स्मरण। पहले नियम के माध्यम से हम तथ्यों को स्वीकारेंगे और दूसरा नियम हमें हर समय प्रयत्न करने के लिए प्रेरित करेगा, इसके बाद हमें आगे बढ़ना है और जीवन की वास्तविक प्यास क्या है उसकी खोज करनी है। इतने झूठ इतनी चालाकियाँ इतनी बेयीमनिया इतने प्रपंच हमारे चरो तरफ़ फैले हुए है, और हमें उलझाए हुए हैं, हम कैसे अनुभव करें की आख़िर हमारा परम लक्ष्य क्या है, आइए देखते हैं।

अगर किसी दुर्घटना में हमारी हड्डियाँ टूट जाती है तो हम हड्डियों के विशेसज़ (orthologist) के पास जाते हैं और अगर दाँतो में दिक्क़त होती है तो दाँतो के चिकित्सक (डेंटिस्ट) के पास जाते हैं, लेकिन जब जीवन को जानने की बात आती है तब हम जीवन के विशेसज़ो के पास क्यँू नही जाते, जिन्होंने अपनी पूरी ज़िंदगी स्वयं को जानने में लगा दी, हम उनके पास नही जाते, हमें जीवन दर्शन का उपदेश दादा जी, रिश्तेदार, टी.वि कलाकार और क्रिकेट खिलाड़ी दे रहे हैं, जो अभी खुद सौ तरह के प्रपंचो में फँसे हुए हैं, जिनका

जीवन स्वयं नरक है, इनके ढर्रों पे चल कर हमारा भी वही हाल होगा जो इन सभी का हुआ है, जिन महान लोगों ने जीवन को समझा है जिन्होंने जीते जी अपूर्व शांति और आनंद का अनुभव किया हैं उन्होंने उपहार के तौर पर हमारे लिए अपनी काव्य, अपने विचार, अपने ग्रंथ अपने साहित्य और वचन छोड़ गए हैं, लेकिन हम कभी उनकी तरफ़ आँखे भी नही फेरते हमारे निजी मुद्दे, जो एक दम घटिया है उनसे हमें फुरसत ही नही, ipl का मैच कौन जीतेगा, पड़ोशी के घर कौनसी सब्ज़ी बनी है, इस विषय में हम घंटो चर्चायें करते है, लेकिन जो जीवन का सबसे गंभीर मुद्दा है उसपे कभी गौर ही नही करते, और अगर कोई कभी भूल-भटके सच की तरफ़ नज़र भी फेरता है तब हमारा समाज उसे ये बोल कर रोक देता है की ये कोई उम्र है ग्रंथ और साहित्य पढ़ने की, समाज और कोई नही हम और आप ही हैं, एक घर के भीतर जो चल रहा है उसी से पूरे समाज के विषय में जाना जा सकता है, कोई युवा सच को जानने की जिज्ञासा करता है लेकिन उसके माता-पिता ही दीवाल बन के खड़े हो जाते हैं, जो माँ-बाप बच्चों की जिज्ञासा की हत्या कर देते हैं उनसे बड़ा कोई दूसरा सत्रु नही, भारत के अधिकांश घरों में मा-बाप से बड़ा बच्चों का दूसरा कोई दुश्मन नही है, जब बच्चा सत्य को पाना चाहता है, आनंद से भरना चाहता है, आज़ाद उड़ना चाहता है, तब उसके मा-बाप और उसके सगे सम्बन्धी ही उसे बेड़ियों में बांध देते हैं, यही सब उनके मा-बाप ने भी उनके साथ किया था, ये सिलशिला चलता रहता है, अभी वो चाहते है उनका बेटा बाज़ार के धक्के खाए, थोड़ी चालाकी सीखे, थोड़ा धन एकत्रित करे, ज़रा राजनीति में उतरे, सत्य फिर कभी खोजलेगा ग्रंथ और उपनिषद फिर कभी पढ़ लेगा, लेकिन बाज़ार के प्रपंचो में उलझ कर वो बेटा पत्थर का हो जाता है उसके भीतर कोई समवेदनशीलता नही बचती, उसका जीवन मुर्दा हो जाता है, जैसे उसके माता-बाप का हो गया है, अगर नही हुआ होता तो कोई अपने बच्चों को क्यूँ जीवित-लास में परिवर्तित करेगा, मै ये नही कह रहा किसी के मा बाप जान-बुझ के

करते हैं, जो उनके साथ हुआ उसी का दोहराव उनके बच्चों के साथ चलता है, उनका दोष इतना ही है वो कभी प्रश्न नही करते, समाज आकर कहता है बेटी की उम्र हो गई शादी नही करोगे, तब वो प्रश्न नही करते की तुम कौन हो ये तय करने वाले की शादी की उम्र क्या है, पहले 15 वर्ष में शादी होती थी तब भी ये लोग कहते थे शादी की उम्र हो गई, अब 22 वर्ष में आके कहते है, अगर हम सिर्फ़ दो सवाल पूछ लेते एक सामने वाले से और एक स्वयं से, बाहर वाले से ये की तू कौन है हशतक्षेप करने वाला, और स्वयं से ये की, मै कौन हूँ अपने बेटी की निजी जीवन का चुनाव करने वाला, हो सकता है उसे विवाह में रुचि ना हो, हो सकता है उसे कोई साहित्य लिखना हो, या फिर राजनीति में कुछ योगदान देना हो, या फिर वो अच्छी दार्शनिक हो, और बेटों को भी बाज़ार में धकेलने से पहले उसे अच्छी पुस्तकों और ग्रंथो से परिचित करा दिया जाए तो सम्भावना है कि कोई पुरुष मुरझाया हुआ जीवन नही जिएगा और स्त्रियों का कभी कोई शोषण नही कर सकेगा।

कुछ महापुरुष और उनकी पुस्तकें -

श्री कृष्ण - भगवत गीता
अष्टावक्र - अष्टावक्र गीता
कबीर साहेब- कबीर साखी
जे कृष्णमुर्ती - जानने से मुक्ति।

अध्याय 14

जीत और हार

जीवन में हम अनेक बार जीत और हार का सामना करते हैं, लेकिन क्या कभी हमने इन्हें नज़दीक से देखने का प्रयास किया है, विषय कुछ भी हो, हमें लगता है आज मैं पैसे हार गया, आज खेल में मेरी जीत हुई, प्रेम में हार गया, लड़ाई में जीत गया, कई लोग हार के दुःख से आत्महत्या कर लेते हैं, तो वही कुछ जीत के उत्साह में ग़लत मार्गों की ओर बढ़ने लगते हैं, हर पल मन जीत और हार के विषय से भरा रहता है। हम जितना अधिक इन विचारो की सुनते जाते हैं, मन हमें सुनसान खाई में गिराता रहता है, अगर हम समय से जगने में देर करते हैं तो एक दिन हम अंधकार में कही खो जाते हैं जहाँ से लौट पाना असम्भव हो जाता है, लेकिन हम इन विचारो को एक बार नज़रें उठा के देखना सुरु करते हैं, तब मन के झूठे जाल स्वयं ही कही दूर भाग खड़े होते हैं, और मन हमें गहरी गुफा से प्रकाश की तरफ़ चलने के लिए प्रेरित करता है, कुछ साल पहले स्कूल की परीक्षा में दोस्तों के मुक़ाबले, आपके नम्बर कम आए, अब आपका मन आपको बता रहा आप हार गए, इन विचारो ने आपको सुस्त कर दिया है, आप किसी से आँखे नही मिला पा रहे हैं, कई दिनो तक आपने कुछ खाया नही लेकिन, आज कई सालो बाद आप उन बातों को सोच कर स्वयं पर हस्ते हैं, लम्बे समय के बाद आपको पता चलता है आप तो कुछ हारे ही नही थे, लेकिन उसके बाद भी हम अपने मन की चालाकियों को देख नही पाते, और ये सवाल करना भूल जाते हैं, अगर परीक्षा के अंक मेरी हार नही थी तो जिन्हें मैं वर्तमान में हार या जीत मान के दुखी या खुश हो रहा हूँ क्या

ये वास्तविकता में मेरी हार या जीत हैं, या फिर मन का कोई नया खेल। और जब एक बार मन के खेल दिखने लगते हैं तब दुखी होने का कोई कारण नही बचता, और सुख के भँवर में खो जाने के लिए आप प्रयाश नही करते, ऐसी स्थिति आने के बाद इंसान अपनी शांति अपने आनंद में प्रतिष्ठित रहता है, और जो अनिवार्य है, उस कार्य को करता है। उसके जीवन से हार मिट जाती है और उसी के साथ जीत भी, कृष्ण ने इसी को निष्काम कर्म कहा है।

बात बिल्कुल साफ़ है फिर भी हमारे समझ में क्यूँ नही आती और अगर समझ भी जाते हैं तो जीवन में क्यू नही उतार पाते? कारण है की हमारे भीतर सही बदलाव करने का सामर्थ्य ही नही है, हम अपने मन के गुलाम बन चुके हैं, जिसकी वजह से हम स्वयं ही सच्चे परिवर्तन को रोक देते हैं। ये बात अधिकांश लोग जान भी नही पाते, अब आप कहेंगे जीवन में सुख, शांति, प्रेम तो हर कोई चाहता है, लेकिन सच ये है की हम चाहते ही नही, अगर हम चाहते तो हमें मिल जाता। बाहर बाहर तो हमारा मन सुंदर कल्पनाओं से खुद को भर लेता है की मुझे आगे बढ़ना है पुण्य करना है जीवन में क्रांति करनी है समाज सेवा करनी है और तमाम तरह की बातें लेकिन इन कल्पनाओं के पीछे हमारी चालाकियाँ हमारे स्वार्थ हमारी क्रूरताएँ छुपी रहती हैं और समय-समय में प्रगत होती हैं, अन्यथा हर कोई अगर प्रेम शांति और आनंद चाहता है तो फिर समाज में इतनी राजनीतिया इतनी बर्बरता इतनी क्रूरता कहा से आती है, ये सब हमारे भीतर ही हैं, हमारे मालिक बनके हमारे ऊपर छाए हुए हैं लेकिन समाज के कुछ सुंदर शब्दों और खोखले आचरण के पीछे हम इन्हें छुपाए रहते हैं, और बाहर पूजा करते है, दान करते हैं, हिंदू मुस्लिम भाईचारा चलाते है लेकिन, असलियत को एक दिन निकलना पड़ता है परिस्थितियाँ रोज़ मौक़ा देती है, और तब वही पूजा करने वाले लोग गला काटते है, दान करने वाले शोषण करते है, भाईचारे की बात करने वाले मंदिर मस्जिद गिराते हैं, तब हमें हैरानी नही होनी चाहिए, हम ही वो आदर्शवादी लोग हैं।

एक कहानी मैंने सुनी थी, समय के शुरुआत में जब ईश्वर ने ब्रम्हाण्ड की रचना की तब उसने देवता और असुर को बनाया, देवता स्वभाव से दयालु, अहिंसक और प्रेम से भरे हुए थे उनके वस्त्र भी उनके गुणो के जैसे स्वक्ष और सुंदर थे। वही दूसरी तरफ़ दानव, हिंसा से भरे हुए उनके भीतर क्रूरता हैवानियत स्वार्थ और लालच थी, उनके वस्त्र भी फटे पुराने गंदगी से लिप्त थे, जब ईश्वर ने इन्हें पृथ्वी पर भेजा तब दोनो एक साथ रात के अंधकार में वहाँ पहुँचे। दोनो के बीच चर्चा हुई, और उन्होंने निर्णय किया कि पहले पास की नदी में स्नान कर लेते हैं, इतने दूर की थकान मिट जाएगी और दोनो ने अपने वस्त्र नदी के किनारे उतार कर नहाने लगे, देवता नहाते-नहाते नदी में थोड़ा आगे निकल गया और जब वो स्नान करके नदी के तट पर पहुँचा तो वहाँ उसके वस्त्र थे ही नही, ना वो दानव था, उसने चारो तरफ़ उसे ढूँढा उसे आवाज़ दी लेकिन उसके वस्त्र लेके वो दानव भाग चुका था, दिन निकलने को था मजबूरी बस देवता को दानव के गंदे वस्त्रों को धारण करना पड़ा, तब से लेके आज तक देवता वही गंदे कपड़े पहने हुए हैं, और दानव सुंदर वस्त्र। वो दोनो देव और दानव और कही नही हैं हमारे मन में हैं, हम सभी ने अपने मन के दानवो को मारने की जगह उन्हें देवता का वस्त्र पहना दिया है लेकिन कपड़े कितने ही सुंदर हो उनसे वृत्तियाँ नही बदलती उन कपड़ों की आड़ में हमारी हैवानियत हमारे षड्यंत्र छुपे रहते है, अगर हमें ज़रा भी अपने जीवन की परवाह है और हम इस दुःख संताप से भरे दल दल से बाहर होने की थोड़ी भी चाह रखते है, तब हमें तीन नियमो को साधना होगा.

1-अवलोकन - अगर हम पूरी दुनिया से भी धोखा करते हैं फिर भी हमें छमा किया जा सकता है, उसके प्रयाश्चित भी हो सकते हैं लेकिन, जिसने स्वयं को ही धोखा दिया है उसके लिए कोई छमा कोई माफ़ी नही, उसका अंत तय है, जीते जी वो दुःख की आग में झुलसेगा और मरने के बाद भी शांति को प्राप्त नही होगा क्यूंकि जिसने शांति में आनंद में पूरा जीवन जिया है मृत्यु के समय

भी वो शांति से मरेगा लेकिन, जो व्याकुल है प्रपंचो से भरा हुआ है वो अतृप्त में दुःख से कराह के मरेगा, अभी ये जीवन के खेल में प्रौढ़ (mature) नही हो पाया, भले ही उसकी उम्र सौ वर्ष की क्यू ना हो। अभी इसे फिरसे दल-दल में धकेला जाएगा ये नियम तब तक चलेगा जब जब वो प्रौढ़ नही हो जाता, संसार के प्रति प्रौढ़ होना ही मुक्ति है, प्रौढ़ता का अर्थ है, आप संसार के तल से ऊपर उठ गए, जैसे बचपन में खिलौने कितने क़ीमती थे लेकिन जब आप प्रौढ़ (mature) हो गए तब खिलौनो की क़ीमत आप के लिए दो कौड़ी की भी नही रह गई, अब आप दूसरे बच्चों को खिलानो के लिए रोता हुआ झगड़ता हुआ देख कर मुस्कुराते हैं। ठीक उसी प्रकार जीवन के प्रति प्रौढ़ होने के बाद संसार आपके लिए दो कौड़ी का नही रह जाता बस आप संसार के बचकानेपन को देख कर मुस्कुराते हैं और बीच बीच में स्वयं भी उनके साथ थोड़ा खेल लेते हैं। और ऐसी स्थिति पाने के लिए अवलोकन सबसे पहला नियम है, ज़रा जाग कर स्वयं का आत्म-अवलोकन। हम देख कैसे रहे, हम सोच क्या रहे, हम जो भी कर रहे क्या वो हमारा स्वभाव है, या फिर बाहर के सामाजिक ढर्रों से आए खोखले विचार।

2- विरोध- आत्मवलोकन के बाद जो भी बात, वस्तु, विषय, बिना मूल्य की लगे और फिर भी हमारे जीवन में छाई हुई हो उनका विरोध, जो घटिया है जो निकृष्ट है उसका लगातार विरोध, उसके प्रति कठोरता। जो विचार विषय और कर्म करने के बाद हमारा मन पछताबे से भर जाता जाता है, जिसे करने के बाद हम क़सम खाते है कि दुबारा नही करेंगे, नही सोचेंगे फिर भी बार बार दोहराते हैं, जैसे कोई चोर हर चोरी के पहले कहता है की भगवान इस बार बचाना ये मेरी आख़िरी चोरी है, उसी तरह हमारा मन भी है, ऐसे कर्म निकृष्ट होते हैं। जिस भी काम को करने से मन में पछताबा नही बल्कि अटूट शांति और संतोष मिलता है वही सच्चा कर्म है। घटिया काम में भी सुख मिलता है लेकिन दो पल का, वो भी झूठा, लेकिन उसके पीछे दुःख लम्बा चलता हैं। वही दूसरी

तरफ़ सही काम करने का जब हम विचार करते हैं तब भी सुख, जब सही काम कर रहे होते हैं तब भी सुख, और करने के बाद भी एक तृप्ति एक आनंद हमें घेरे रहता है। (स्वयं को जानना ही एक मात्र सही कर्म है) अब जब हम सही कर्म को जान गए हैं तब जो ग़लत और घटिया है, उसका निरंतर विरोध उसकी लगातार उपेक्षा, अगर हम दूसरे नियम को समझ गए और उसका उपयोग करना सीख गए तब समय आता है तीसरे और आख़िरी नियम का।

3-साहस - अगर हम अवलोकन करना भी सीख गए, जो घटिया और छिछला कर्म है उसकी उपेक्षा और विरोध करना भी जान गए, लेकिन अगर साहस नही है हमारे भीतर, जिसका विरोध हमारा मन कर रहा है, उस निचले कर्म को हम लात मार सके, तब सारी मेहनत सारी ऊर्जा व्यर्थ ही गवाएँगे हम, और हमारे हाथ ख़ाली के ख़ाली रह जाएँगे, जैसे युद्ध की और परिवर्तन की चर्चायें हर कोई करता है सड़कों में लोग धरना देते हैं मीडिया में डिबेट करते हैं लेकिन, जब मैदान में उतरने की बात होती है इनमे से कोई कही दूर दूर तक दिखायी नही देता, इनमे भी कुछ ऐसे लोग होते है जो शुरुआत के दो नियमो पे चलते हैं, सही और ग़लत क्या है इसका अवलोकन कर लिया है उन्होंने, और विरोध करना भी शुरू कर दिया है लेकिन, केवल इन दो नियमो के बल पर रणभूमि में नही उतरा जा सकता, रणछेत्र में आने के लिए अपूर्व साहस की आवश्यकता होती है।

अध्याय 15

बदलाव

बदलाव एक ऐसा शब्द है जो जीवन भर हमारे साथ रहता है, बचपन में हम खिलौनो में बदलाव चाहते है, स्कूल में शिक्षकों में बदलाव चाहते हैं, उसके बाद नौकरियों में स्त्रियों में गाड़ियों में सहरों में। ये बदलाव आपको कहीं गहरी अंधेरी खाई में धकेल सकता है, आम लोगों की भीड़ लाखों में हर पल उसी खाई में खोती हुई दिखाई देती है, लेकिन अगर कोई सही बदलाव का चुनाव करे तो प्रकाश से भरा आकाश उसे गले लगाता है, एक तरफ़ जहाँ बेचैनी, बॉस की गाली, बाज़ार की भाग दौड़, मारा-मारी, चालाकियाँ, और वही दूसरी तरफ़ खुला आकाश, गहरी शांति, निर्भयता, जहाँ कुछ खोने को बचा नही, जहाँ कोई लालच नही। अब पता कैसे चले की सही बदलाव कौनसा है और ग़लत कौनसा बहुत आसान है जो आपके जीवन में डर, बेचैनी, घबराहट बढ़ा रहा हो उसी वक्त सतर्क हो जाइए, ये ख़तरे की निशानी है, आप ग़लत दिशा में चल रहे हैं, इसी के विपरीत, अगर आंतरिक ताक़त बढ़ रही है, मन एकाग्र और शांत हो रहा है, सही को सही और ग़लत को ग़लत बोलने का साहस आने लगे तो निश्चित ही अब आप आम आदमी नही है, और जब सही बदलाव जीवन में आता है तब वो आपको भीतर से झगझोर के रख देता है, उस वक्त के बाद कुछ पहले जैसा नही रह जाता, देखने मे, बोलने में चलने में एक गहराई प्रवेस करती है, एक सजगता और स्पष्टता आपके आँखों से झांकती है, ऐसी स्थिति को प्राप्त करने के बाद इंसान, इंसान से कुछ अधिक हो जाता है, अब वो जो बोलता है लोगों को आकाशवाणी लगती है, उसके कर्म को देख कर आम

आदमी उसे चमत्कार समझता है, किसी ऊँची इमारत पे खड़े व्यक्ति को जैसे पूरा सहर स्पष्ट दिखाई देता है, उसी तरह सही बदलाव का चुनाव करने वाले व्यक्ति को पूरा जीवन स्पष्ट दिखायी देता है। निर्णय आपका है आप कैसे बदलाव का चुनाव करते है। हर इंसान कुछ ना कुछ बदलने की इक्षा रखता है और ये अनिवार्य भी है जीवन का अर्थ ही है परिवर्तन, जैसे बहती हुई नदी की धारा लेकिन जो जीवन की धार को रोकने का प्रयाश करता है उसे बदबूदार नाला बनने में देर नही लगती।

लेकिन यहाँ किस बदलाव की बात हो रही है, क्या किसी बाहरी जगत के बदलाव की? नही बिल्कुल नही यहाँ हम बात कर रहे स्वयं के बदलाव की अपने प्रति ईमानदारी की, स्वयं में बदलाव का अर्थ ये बिल्कुल नही है की, कल से सुबह जल्दी उठना है, गाली नही देनी है, और नैतिकता के खोखले ढर्रों पे चलना है, ऐसा कुछ नही है ये सब भी बाहरी बदलाव है, इनमे कोई प्राण नही कोई रस नही कोई नाद नही, हर सामाजिक नैतिकता के पीछे एक दानव छुपा रहता है, यहाँ बात आत्मपरिवर्तन की हो रही है। एक बदलाव जो हम बाहर करने में दिन रात लगे रहते हैं आम आदमी के जीवन का जादा समय बाहर की तरफ़ देखने में बीत जाता है और फिर मौत दस्तक दे देती है, बाहर का मतलब सिर्फ़ इतना ही नही है की बाहर के लोग, बाहर की बस्तु, बाहर के विषय, आप स्वयं भी बाहरी हैं। कुछ लोग होते है वो दुनिया को तो बाहर का बता कर नकार देते हैं, लेकिन अपना चेहरा चमकाने में लगे रहते हैं, अपने पेट के लिए चालाकियों से भर जाते है और दावा करने लगते है की वो संसार से मुक्त है, उन्हें सिर्फ़ स्वयं से मतलव है, ऐसे लोग भ्रमित होते हैं और अपने भ्रम बस दुनिया को भी भ्रमित करते है, इसलिए बाहर और भीतर के अंतर को समझना बहुत ही अनिवार्य है।

आत्मा, सत्य, आनंद, उसे कयी नामों से जानने वालों ने कहा है जो हमारा परम स्वभाव है उसके अतिरिक्त जो भी जाना जा सकता है वो बाहरी है पराया

है, केवल आपका पड़ोसी बाहरी नही है आप स्वयं भी पराए हैं स्वयं से अर्थ आपकी देह से है, आपका मन भी बाहरी है जो कुछ जाना जा सकता है सब बाहरी है। अगर जीवन में कभी, दुनिया से मन ऊब जाए लेकिन स्वयं के प्रति चिपक जाए, खुद की तेल मालिश करने लगे तो समझ लीजिए 'आए तो थे राम भजन को औटन लगे कपास। सत्य क्या है, हमारा परम आत्मिक स्वभाव क्या है कैसे पता करे हम? सहजता ही हमारा स्वभाव, आत्मज्ञान ही सत्य है। कोई बीज कभी नही पूछता की उसका स्वभाव क्या है, वो सहजता से ऊँचा उठता जाता है, और आकाश में मुक्त लहराता रहता है उसे किसी से पूछने की ज़रूरत नही पड़ती की मुझे जाना कहा हैं मेरा लक्ष्य क्या है, सत्य क्या है। जानवर भी ये सवाल नही पूछते, इंसान को छोड़ के दुनिया की कोई दूसरी प्रजाति ऐसे सवाल नही करती क्यूँकि इंसान बाहर से चलाया जाता है, उसे अपनी कोई खबर ही नही, सब कुछ उसे बाहर से मिला है, हमें लक्ष्य समाज दे देता है, तुम फ़लानी नौकरी के पीछे भागोगे तो समाज तुम्हारा सम्मान करेगा और इस दो कौड़ी के सम्मान के लिए हम अपना जीवन दाँव पर लगा देते हैं, ये समाज स्वयं अंधा है और जब इसके रास्तों में चल कर हम खुद को भी अंधा बना लेते है तब ये समाज हमारा सम्मान करता है, एक अंधा दूसरे अंधे की तारीफ़ करे इसमें मुझे कोई सार्थकता नही दिखायी देती इससे अधिक मूर्खपूर्ण बात और क्या होगी, लेकिन उसी समाज के बीच कोई जागता है और समाज के अंधेपन को स्वीकार नही करता, उसे सब साफ़ साफ़ दिखायी देता देता है, तब यही समाज उसकी जान का दुश्मन बन जाता है, लेकिन जिसने सत्य को स्वीकार कर लिया जिसने जाग कर स्वयं की वास्तविकता को देख लिया वो फिर इन नैतिकतावादी अपराधियों के सामने सर नही झुकाता और जीवन के सारे परिवर्तन को देखता हुआ सतत चेतना की ऊँचाई की तरफ़ बढ़ता रहता है।

अध्याय 16

कर्म फल

इंसान का मन कर्म के सैकड़ों प्रश्नों से भरा रहता है, जैसे कर्म क्या है, कर्म करना अनिवार्य क्यूँ है, सही और ग़लत कर्म क्या है, कर्म का फल कैसे मिलता है, अच्छा कर्म करने वाले भी दुःख क्यू पाते हैं, ग़लत कर्म की सजा और सही कर्म का इनाम कौन देता है, हमारा जन्म क्यूँ हुआ है, बिना हमसे पूछे दुखो के बीच हमें क्यू छोड़ दिया गया, क्या इस जन्म के कर्म का फल अगले जन्म में मिलता है? ऐसे बहुत से सवाल हमें घेरे रहते हैं, आज हम साथ में सभी प्रश्नो के विषय को समझेंगे।

कर्म क्या है? कर्म एक ऐसी क्रिया है जो समय और स्थान (time and space) के अंतर्गत आती है, जो कुछ भी समय की धारा और स्थान में हैं वो सब कर्म के आधीन हैं, मतलब पूरा ब्रम्हाण्ड ही कर्म के आधीन है, पूरे ब्रम्हाण्ड में क्रियायें चल रही हैं, कुछ कियाएँ सूक्ष्म होती हैं जिन्हें हमारी इंद्रिया (senses) अनुभव नही कर सकती हैं, और कुछ स्थूल होती हैं जिन्हें हम अनुभव कर सकते हैं, जैसे किसी के चेहरे को हम देख सकते हैं चेहरा स्थूल है लेकिन उसके मन में क्या चल रहा हम नही देख सकते क्यूँकि विचार सूक्ष्म है, लेकिन अस्तित्व दोनो का है, कोई ये नही कह सकता की पत्थर तो है क्यूँकि दिखाई देता है, लेकिन भावनायें नही हैं...सबको पता है की भावनायें भी हैं लेकिन सूक्ष्म है।

कर्म करना अनिवार्य क्यूँ है? हम सभी उसी समय की धारा के आधीन हैं जिसके भीतर पूरा ब्रम्हाण्ड है, इसी वजह से कर्म से बचना असम्भव है, हो

सकता है आप ने तय कर लिया है की मुझे जीवन भर कोई कर्म नही करना है फिर भी कर्म की धारा को रोका नही जा सकता, आप स्थूल कर्म रोक सकते हैं लेकिन सूक्ष्म कर्म जारी रहेंगे, जैसे आप नौकरी छोड़ सकते हैं अपनी ज़िम्मेदारियाँ त्याग सकते हैं लेकिन, उसके बाद भी भूख को नही रोक सकते, पेट में चल रही पाचन क्रिया को नही रोक सकते, साँस लेना बंद नही कर सकते, जब तक जीवन है तब तक कर्म के बहाव को नही रोका जा सकता, कर्म-सिद्धांत के कारण ही प्रकृति आगे बढ़ती है, इसी सिद्धांत की सहायता से ब्रम्हाण्ड स्वयं का विस्तार करता है, ऐसा कभी नही हुआ जब ब्रम्हाण्ड में क्रियाएँ रुक गई हों, क्रियाओं का शांत होना भी किसी नए कर्म की शुरुआत है। हम इंसानो के पास 13.7 अरब साल पहले तक की जानकारी है, विज्ञान कहता है 13 अरब साल पहले ब्रम्हाण्ड में कुछ भी नही था, सिर्फ़ एक बिंदु था (black spot) कुछ समय के बाद उस बिंदु में हलचल होने लगी और एक महा-विस्फोट हुआ, जिसे बिग-बैंग के नाम से हम जानते हैं, उस विस्फोट के कारण अनेक गैसें और पदार्थ (elements) पूरे ब्रम्हाण्ड में फैलने लगे, जिसके बाद अनेक ग्रहों और आकाशगंगाओ का जन्म हुआ, महा-विस्फोट का फैलाव अभी तक जारी है जिसकी वजह से ब्रम्हाण्ड रोज़ विस्तार करता है, इसका मतलब साफ़ है की 13अरब साल पहले भी उस एक बिंदु के भीतर क्रियाएँ चल रही थीं जिसकी वजह से महा-विस्फोट हुआ क्यूँकि विज्ञान स्वयं कहता है अगर कोई चीज़ चल रही है तब उसे बिना बाहरी बल के रोक पाना असम्भव है, और कोई रुकी हुई चीज़ तब तक नही चल सकती जब तक प्रभाव नही डाला जाएगा, कारण स्पष्ट है कि समय और स्थान के पहले भी कुछ ऐसा था जो उस ब्लैक-स्पॉट को ऊर्जा प्रदान कर रहा था, जो हमारी कल्पना से बाहर है, अरबों साल पहले उस एक बिंदु में भी क्रियायें चल रहीं थीं और आज अरबों साल बाद भी चल रही हैं, आगे भी चलती रहेंगी, कर्म के सिद्धांत से न ब्रह्मा बच सकते, न न्यूटन, न तो भिखारी।

कर्म और क्रियाओं में अंतर - कृष्ण कहते हैं कि प्रत्येक कर्म क्रियाएँ हैं लेकिन सब क्रियाएँ कर्म नही नही हैं, मनुष्य को छोड़ कर पूरा ब्रम्हाण्ड सिर्फ़ क्रियाओं पर चलता है केवल इंसान ही कर्म करता है, क्रियाएँ पूरी तरह से प्राकृतिक हैं, सूर्य अपनी क्रियाएँ करता है, ग्रह अपनी, और पसु-पक्षी भी सिर्फ़ अपनी क्रियाएँ करते हैं, जनवार को भूख लगती है तो खाने की तलास करता है, प्यास लगती है तो पानी पीता है, बकरी घास खाती है, शेर मांश खाता है, ग्रह सूर्य का चक्कर लगाते हैं, कुत्ता मलिक के सामने पूछ हिलाता है और अंजान आदमी पर भौंकता है, लेकिन कभी कोई ग्रह ये नही पूछता की मै सूर्य का चक्कर क्यू लगा रहा हूँ, कोई कुत्ता कभी नही पूछता की मै पूछ क्यूँ हिला रहा हूँ, कोई बकरी नही पूछती की मै कौन हूँ? मनुष्य के अलावा पूरा ब्रम्हाण्ड अपने प्रकृति के अनुसार सहज स्वभाव में जीता है, कुत्ते के सामने भोजन आते ही उसकी पूछ हिलने लगती है और उसे पता भी नही चलता, चूहे को देखते ही बिल्ली झपट्टा मार देती है, सब अपने स्वभाव के अनुसार क्रियाएँ करते हैं, सारा ब्रम्हाण्ड यंत्रवत (mechanical) है, प्रकित सब की माँ है उसने सब जीवों के अंदर अलग-अलग सॉफ़्टवेयर डाले हुए हैं सारे जीव उसी के अनुसार काम करते हैं, चिड़ियाँ को घोंसला बनाना कौन सिखाता है, बगुला मछली खाएगा और कबूतर दाने चुगेगा ये कौन निर्धारित करता है, सब अपने आप यंत्रवत होता रहता है, जब तक प्रकित के अनुसार सारी चीज़ें मशीन की तरह चलती रहतीं हैं तब तक सिर्फ़ क्रियाएँ होती हैं लेकिन, जैसे ही कोई क्रियाओं के सामने प्रश्न खड़े कर देता है तब कर्म की शुरुआत होती है, सिर्फ़ मनुष्य ही प्रकित के नियमो पर सवाल उठाता है, मनुष्य पूछता है की भूख क्यू लगी है, सूर्य पूर्व से ही क्यू उगता है, पेड़ हवा क्यू देते हैं, नौकरी करूँ या फिर व्यापार, और जैसे ही मनुष्य सवाल करता है उसी पल से कर्म-सिद्धांत चालू हो जाता है, कुत्ता कभी तय नही करता की उसे किस मादा के साथ सम्भोग करना है, लेकिन इंसान चुनाव करता है, किसी को सुंदर कहता है किसी को

बुरा कहता है, कुत्ता सवाल और चुनाव नही करता इसलिए उसे कर्मफल भी नही भोगना पड़ता, मनुष्य प्रश्न और चुनाव करता है इसीलिए कर्म सिद्धांत के परिणाम सिर्फ़ इंसान भोगता है, एक तरफ़ पूरा जगत है जो क्रियाएँ करता है और दूसरी तरफ़ मनुष्य है जो कर्म करता है।

सही कर्म और ग़लत कर्म - हम सभी मनुष्य चैतन्य (conscious) हैं, हम जो भी कर्म करते हैं चाहे स्थूल कर्म या फिर सूक्ष्म कर्म सब का प्रभाव हमारी चेतना पर पड़ता है, कुछ कर्म ऐसे होते जिन्हें करने से चेतना ऊँची उठती है, मन में शांति और जीवन में गहराई आती है, आनंद और आज़ादी का अनुभव होता है, आप कहेंगे कि नशा करने पर भी मन शांत हो जाता है मज़ा आने लगता है? नशे में हम अपनी हालत अपनी दुर्दशा को कुछ समय के लिए भूल जाते हैं, इस विषय में हमने पहले भी चर्चा की है, हमारी चेतना सुद्ध और पवित्र है, कुछ कर्म शुद्ध चेतना को मैला करते हैं कचरे से भर देते हैं चेतना को नीचे गिरा देते है, चेतना जितनी अधिक नीचे गिरती जाती है जीवन में दुःख उतना ही बढ़ता जाता है, नशा करने वाला भूल जाता है की उसकी चेतना गिरी हुई है, उसका जीवन नर्क है, बेहोशी में वो खुश दिखता है, नशा किसी चीज़ का हो सकता है सराब का, शॉपिंग का, पैसे का, राजनीति का लेकिन, भूलने से सच्चाई नही बदलती बल्कि जीवन और अधिक दुःख से भर जाता है, सही कर्म वो है जो चेतना को शुद्ध कर दे, जिन कचरों के नीचे चेतना दब गई है सही कर्म उन कचरो को हटाता है, चेतना जितनी साफ़ होती जाती है जीवन एक उत्सव बनता जाता है। कम उम्र में हमें बहुत अधिक सही कर्म के विषय में पता नही होता, लेकिन हमें जितना भी पता होता है क्या हम उसे करते हैं? हमें आंतरिक लक्ष्य के विषय में नही पता रहता, लेकिन बाहर के शरीर का ज्ञान हमें बचपन से रहता है, हम बचपन से जानते है कि सुबह उठ कर कसरत करनी चाहिए, अच्छा भोजन करना चाहिए, ध्यान करना चाहिए, शरीर को स्वस्थ रखना चाहिए लेकिन हम इतना भी नही कर पाते, आत्मा-परमात्मा

मोक्ष इन सब की बातें छोड़िए पहले स्वयं को देखिए, छोटे बच्चे को भी जो बात पता होती है की ये सही है हम क्या उसे भी करते हैं? चेतना को गिराने के लिए कुछ करना ज़रूरी नही है, चेतना अपने आप बिना कुछ करे भी गिरती जाती है, लेकिन जिन्हें जीवन में बोध और आनंद चाहिए उन्हें प्रयत्न करना पड़ता है मेहनत करनी पड़ती है। साफ़ घर को कुछ दिनो के लिए छोड़ देने से घर अपने आप गंदा हो जाता है, धूल जम जाती है, घर को गंदा करना नही पड़ता, लेकिन घर की सफ़ाई करने में झूझना पड़ता है, मेहनत करनी पड़ती है, तुम कुछ नही करोगे फिर भी नीचे गिरते जाओगे, दुख बढ़ता जाएगा लेकिन, ऊपर उठने के लिए संघर्ष करना पड़ेगा, तुम्हें नही पता है की सही क्या है तब अभी उतना ही करो जितना पता है, तुम्हें नही पता की घर के जाले कैसे झाड़ते हैं, दीवाल में जमी काई कैसे निकालते है, तुम्हें सिर्फ़ झाड़ू लगाना आता है, तो सिर्फ़ झाड़ू लगाओ, ईमानदारी से रोज़ झाड़ू लगाते-लगाते एक दिन पूरा घर साफ़ कर दोगे। मै किसी बाहरी घर की नही, तुम्हारे मन की बात कर रहा हूँ, अगर इतना ही पता है की किताब पढ़ना सही है तो उतना ही करो, अगर इतना ही पता है की मदद करना सही है तो शुरू करो, अगर इतना पता है की ध्यान करना सही है तो शुरू करो, अगर पता है की दान देना सही है तो शुरू करो, अभी जितना भी सही के विषय में पता है, उतने से शुरुआत करो। मन में जन्म से ही धूल जमना शुरू हो जाती है, थोड़ा भी होश आ जाए और दिखने लगे की जीवन में तकलीफ़ है, दर्द है, दिखने लगे जीवन खोखला है तब तुरंत सफ़ाई शुरू कर देनी चाहिए, हो सकता है तुम्हारे पास बहुत बढ़िया झाड़ू न हो फिर भी टूटे-फूटे झाड़ू से सफ़ाई शुरू कर दो, अगर झाड़ू नही है तो हाथ से धूल हटाना आरम्भ करो, जैसे जैसे धूल साफ़ होगी, चेतना का प्रकाश उतना बढ़ेगा और उस प्रकाश में सफ़ाई के अच्छे औज़ार दिखने लगेंगे। जो तुम्हें शुद्ध और साफ़ करे वही सही कर्म है और जो तुम्हें और अधिक दूषित कर दे वही ग़लत कर्म है।

आवश्यक कर्म - इंसान के अलावा दुनिया में कोई दूसरा जीव संदेह नही करता, किसी दूसरे प्राणी के भीतर शंका नही होती, कोई भी जीव दुविधा में नही रहता, हवा को बहने के लिए विचार नही करना पड़ता हवा अपने स्वभाव के अनुसार बहती है, पूरी सृष्टि अपने स्वभाव के अनुसार गतिमान हैं, शेर संदेह नही करता की मांश खाना है या फिर नही, बकरी घास को देख के दुविधा में नही फँसती, घास दिखते ही बकरी चरने लगती है, बकरी के पास दूसरा कोई विकल्प नही है, एक जानवर दूसरे से अलग नही होता है, जैसे एक बकरी घास खाती है वैसे ही दुनिया की सभी बकरियाँ घास खाती हैं, काली बकरी भी घास खाएगी और सफ़ेद भी, ऐसा नही हो सकता की काली बकरी घास खाती हो और सफ़ेद पिज़्ज़ा खाती हो, एक शेर अगर हिंसक है और मांश खाता है, तब दुनिया का हर शेर हिंसक होगा और मांश खाएगा, लेकिन एक इंसान दूसरे इंसान से बहुत अलग होता है, एक इंसान को देख कर किसी दूसरे इंसान का पता नही लगाया जा सकता, जानवरो की चेतना अविकसित होती है, सारे जानवरो का केंद्र प्रकृति है, अगर बकरी घास खा रही है और सामने के घर में आग लगी हुई है फिर भी बकरी घास खाना बंद नही करेगी क्यूँकि बकरी का धर्म प्राकृतिक है, लेकिन इंसान के सामने भोजन रखा है और बग़ल के घर में आग लग गई है तब इंसान आराम से भोजन नही करेगा, खाने को छोड़ के आग बुझाने के लिए दौड़ेगा क्यूँकि इंसान का धर्म प्राकृतिक नही है, कुत्ता सड़क के बीच सम्भोग कर रहा और कोई सड़क में मर रहा है, फिर भी कुत्ता अपनी क्रिया करेगा, कुत्ते की चेतना ही शरीर तक सीमित है, लेकिन इंसान अपनी प्रेमिका के साथ सम्भोग नही कर सकता है अगर सामने कोई मरने की हालत में है, इंसान की चेतना प्रकृति के आगे पहुँच चुकी है। जानवरो को सिर्फ़ भोजन नीद और सेक्स चाहिए यही उनका सुख है, लेकिन इंसान रोटी भर खाके सुखी नही हो सकता, इंसान को कुछ और चाहिए। जैसे जानवरो का केंद्र प्रकिति है, उसी तरह मनुष्य का केंद्र

आत्मा है-सत्य है, जैसे जानवरो की गति प्रकिती के हाथ में होती है, ठीक उसी तरह मनुष्यों की गति आत्मा (बोध) के हाथ में होती है, बकरी का प्राकृतिक गुण है घास खाना अगर उसे मांश खिलाया जाएगा तब उसे कष्ट सहना पड़ेगा, ब्रिटेन में एक रीसर्च के दौरान गाय को जबरन मांश खिलाया गया जिसकी वजह से घातक बीमारियों का जन्म हुआ और उस बीमारी का प्रभाव सैकड़ों लोगों ने भुगता क्यूँकि गाय को उसके केंद्र उसकी प्रकृति से अलग किया जा रहा था, ठीक उसी तरह जब इंसान अपने केंद्र अपनी आत्मा से अलग होने वाले कर्म करता है तब उसे दुःख और बीमारियाँ झेलनी पड़ती हैं, अगर बग़ल के घर में आग लगी है और फिर भी कोई इंसान भोजन करने में व्यस्त है तब उसने अपने केंद्र के ख़िलाफ़ काम कर दिया, अब उसे दुःख से कोई नही बचा सकेगा, जीवन भर पश्चाताप की आग में जलेगा, दुनिया ख़तरे में है और इंसान सम्भोग करने में व्यस्त है तब उसने अधर्म कर दिया, अब उसे दुःख और बीमारियाँ झेलनी पड़ेंगी, प्रकृति अपने स्वभाव के बिना नही रह सकती, स्वाँस का चलना नही रुक सकता, दिल का धड़कना नही रुक सकता, भूख नही रुक सकती, और आत्मा का स्वभाव सत्य है बोध है आनंद है आज़ादी है, बिना इन सबके सुख नही मिल सकता। जैसा कि हमने जाना की इंसान सिर्फ़ प्रकृतिक नही है आत्मिक है, इसी वजह से भले ही इंसान कितना भी खाना खाले, कितना भी समृद्ध बन जाए, चाहे जितना सेक्स करले, फिर भी दुखी और बेचैन रहेगा क्यूँकि उसे चाहिए कुछ ऐसा जो उसका स्वभाव है, कोई ऐसा लक्ष्य जो शरीर से आगे का है, जिसे करे बिना वो रह नही सकता, पर इंसान बस अपने शरीर को भरता रहता है जो उसका गुण ही नही है, जैसे कोई बकरी पिज़्ज़ा खाने की कोसिस करे, दर्द सह कर दुःख सह कर जबरन पीज़ा खाए। इंसान भी अपने स्वभाव को छोड़ कर जीता है, पैसे इकट्ठा करता है भोजन इकट्ठा करता है फिर भी और अधिक दुःख से, पीड़ा से भर जाता है, जिस चीज़ से स्वयं को भरना था उसके विषय में इंसान को कुछ पता ही नही रहता।

आपका का कोई प्रिय व्यक्ति अस्पताल में भर्ती है और आप उसके साथ कई दिनो से भूखे प्यासे रुके हुए हैं तब भी आप जादा आनंदित और संतुष्ट महसूस करेंगे बजाय इसके की आप अपने प्रिय व्यक्ति को छोड़ कर छप्पन भोग कर रहे हैं, बहुत ऐसे व्यक्तियों के उदाहरण हैं जिन्होंने ऊँचे लक्ष्य के लिए भोजन को त्याग कर मृत्यु को स्वीकार कर लिया, आज वो सब अमर हैं, जैसे बकरी घास के बिना नही रह सकती ठीक उसी तरह इंसान प्रेम के बिना नही रह सकता, मांश सामने है तब शेर का धर्म है मांश को खाना, बिना मांश खाए शेर नही रह सकता, ठीक उसी तरह अगर कोई समस्या कोई संकट कोई विक्षिप्तता मन में और संसार में है तब उसे ठीक करना मनुष्य का धर्म है। जिसे किए बिना इंसान चैन से नही सकता, केवल वही काम सबसे आवश्यक है, उसके अलावा सब नक़ली है, आप कहेंगे कि जिसे नशे की लत है वो तो नशा किए बिना नही रह सकता तब क्या उसका धर्म नशा करना है? नशा करने वाला अभी बेहोश है अपनी लत का ग़ुलाम है विवश है, कल उसको होश आ जाएगा, कल उसकी लत छूट जाएगी, तब वो शराब के नशे को ठुकरा देगा, शराब से नफ़रत करने लगेगा...यहाँ बात हो रही है अगर कोई व्यक्ति पूर्ण स्वस्थ और होश में है, जो किसी आदत का ग़ुलाम नही है, फिर भी कुछ ऐसा है जिसे करने से वो खुद को रोक नही सकता, वही आत्मा का स्वभाव है उसे सत्य कहो बोध कहो आनंद कहो जो कहना है कहो, लेकिन जब तक इंसान अपने स्वभाव के विपरीत चलता रहेगा तब तक खून के आंसू रोएगा, 99प्रतिशत इंसान अपने स्वभाव के विपरीत जीते हैं, कुछ व्यक्ति प्राकृतिक चुनाव से ऊपर सोचने का प्रयास करते हैं लेकिन सामाजिक जाल में फँस जाते हैं, कोई व्यक्ति खाना खा रहा है और उसे पता चलता है की उसके रिश्तेदार के घर आग लगी है तब वो खाना छोड़ के भाग देता है, लेकिन उसी व्यक्ति को अगर पता चलता है की आग जिस घर में लगी है वो दूसरे देश का नागरिक है, तब उस आदमी के-ऊपर कोई प्रभाव नही पड़ता है, इसने भी

अपराध कर दिया शरीर से आगे का विचार तो किया लेकिन आत्मा तक, सत्य तक, नही पहुँच पाया, इसने भी अधर्म कर दिया, आवश्यक काम वो है जिसे करने से इंसान को कोई बंधन कोई बेड़ियाँ कोई व्यवस्था न रोक पाए, सिर्फ़ ऐसा काम ही धर्म है। तीन तरह के मनुष्य दुनिया में हैं, पहले वो जो सिर्फ़ सरीर के केंद्र में जीते हैं ऐसे लोगों को अपनी देह के अलावा कुछ पता नही है ये सब बेहोश हैं दिन भर दौड़ते है लेकिन हाथ ख़ाली रह जाता है, दूसरे है मन के केंद्र पर जीते है, ये सब विचार करते हैं अध्यन करते हैं इक्षाए करते हैं लेकिन समाज के दायरे में इनका मन बंध जाता है, अपने समाज के लोगों का अच्छा सोचेंगे लेकिन दूसरे देश को गाली देंगे, अंदर से सेक्स के लिए मरते रहेंगे लेकिन बाहर सामाजिक नैतिकता का दिखावा करेंगे, स्वादिष्ट भोजन देख कर लार बहने लगेगी फिर भी सदाचार का नाटक करेंगे, जो शरीर के तल पर बेहोश हो कर जी रहा है, उसका दुःख इन सामाजिक लोगों से बहुत कम होता है, सिर्फ़ पेट के लिए जीने वाला बिना सत्य को जाने बेहोशी की मौत मरता है, लेकिन मन के तल पर जीने वाला अपनी दुर्दशा अपने दुःख अपने दर्द को जानते हुए मरता है, खाना देख कर लार टपक रही है उसे पता है फिर भी नैतिकता का नाटक करता है और झूठ की ज़िंदगी जीता रहता है। सामाजिक नैतिकता में जीने वाला व्यक्ति भले ही सबसे अधिक पीड़ित रहता है, लेकिन ग़ुलामी से आज़ाद होने की उसकी सम्भावना बहुत अधिक होती है, वो कभी भी कह सकता है की बस बहुत हुआ अब स्वाँग नही कर सकता, अब जो सच है उसे ही स्वीकार करूँगा। शरीर को पकृति ग़ुलाम बना लेती है, मन को सामाज ग़ुलाम बना लेता है, बहुत कम ऐसे लोग होते हैं जो शरीर और मन से ऊपर उठ कर आत्मा में जीते हैं, जीवन जब तक शरीर और मन के साथ जुड़ा रहता है तब तक बंधन है, ग़ुलामी है, ऐसी स्थिति में इंसान जो भी कर्म करता सब अनावश्यक होते हैं, उनका कोई मूल्य नही होता, सब कुछ स्वभाव के विपरीत चलता है, जिसकी वजह से चारो तरफ़ दुःख बीमारी

और बेचैनी बढ़ जाती है, लेकिन जैसे ही इंसान सरीर और मन से ऊपर उठ कर अपने स्वभाव के अनुसार चलने लगता है, अपनी आत्मा में जीने लगता है, अपने बोध को जान लेता है, सत्य को समझ लेता है, उसके बाद जो कर्म वो करता है वही परम आवश्यक है, वही कर्म उसका स्वभाव होता है, वही कर्म उसे आज़ाद और मुक्त करता है, जैसे एक आदमी घर को जलता हुआ देख कर भूख को भूल जाता है ठीक उसी तरह अगर किसी व्यक्ति के पास 4 रोटी है और उसका मन चारों को खाना चाहता है, लेकिन तभी उसे कोई बहुत भूखा इंसान दिख जाता है तब वो व्यक्ती 2रोटी उसे दे देता है, इसका मतलब साफ़ है की इंसान का स्वभाव मन भी नही है, जिस कर्म को सरीर भी नही रोक सकता जिस कर्म को समाज और मन भी नही रोक सकता, और जिसे करने से व्याकुलता बंधन बीमारी दुःख छोटे लगने लगते है, जिस कर्म को करने से जीवन बाहर और भीतर दोनो जगह से मुक्त अनुभव करता है, सिर्फ़ वही कर्म परम-आवश्यक हैं।

कर्मफल- बचपन से हमें बताया जाता है की अच्छा काम करोगे तो अच्छा होगा बुरा काम करोगे तो बुरा होगा, दुनिया की सभी संस्कृती कर्मफल को स्वीकारती हैं, कोई कहता है जैसा करोगे वैसा भरोगे, कोई कहता है कर्म वापस आते हैं (karma is back) कोई कहता है इस जन्म में अच्छा करोगे तो अगले जन्म में अच्छा होगा, सारे धर्म अलग अलग तरीक़े से कर्म के सिद्धांत को मानते हैं लेकिन कर्मफल को नकारता कोई नही है, कर्मफल एक सिद्धांत है जो हर व्यक्ति के ऊपर लागू होता है, चाहे कोई माने या न माने कर्मफल का परिणाम तो भुगतना ही पड़ेगा। कर्मफल की परिभाषा बहुत सरल है, अच्छे कर्मों फल शांति, आज़ादी, सुलझाव, ऊँचाई, सहजता और सुख है, और बुरे कर्मों का फल बेचैनी, चिंता, अशांति, घबराहट, घटिया जीवन और दुःख है। क्या कर्मों का फल कोई ईश्वर तय करता है? नही कोई ईश्वर कर्मों का फल नही देता, कर्म अपने आप में पूर्ण है, कर्म के भीतर ही उनका फल भी है,

लेकिन एक ग़लत मानसिकता पूरे समाज में फैली हुई है जिसकी वजह पूरी दुनिया में अपराध, युद्ध, बेचैनी और दुःख बढ़ते ही जा रहे हैं, लोगों को बताया गया है की आज किए गए अच्छे और बुरे कर्मों का फल भविष्य में मिलता है, भ्रामक शिक्षा के कारण इंसान सोचता है की परिणाम तो भविष्य में मिलेगा और भविष्य का कोई ठिकाना नही है तब ग़लत कर्म भी बुरा नही है, और फिर इंसान अपराध करता है हत्याएँ, चोरी, बलात्कार करता है, चालाकियाँ करता है, लोगों से जलन रखता है, कर्म की ग़लत व्याख्या ने पूरी दुनिया को एक ऐसी जगह पर खड़ा कर दिया है जहां सिर्फ़ अनगिनत दुःख और नर्क़ जैसा जीवन है, क्रांतिकारी जीवन जीने के लिए कर्म के वास्तविक अर्थ को जानना होगा अन्यथा हम दुःख की खाई में डूबते रहेंगे।

जैसा कि हमने समझा था, कर्म अपने फल के मालिक खुद होते हैं, कर्मों का फल न तो भविष्य में मिलता है न तो अगले जन्म में, कर्मों का फल कर्म करने से पहले ही मिल जाता है या फिर कर्म करने के समय ही मिल जाता है, जैसे आपने किसी की हत्या करने का विचार किया आप तुरंत क्रोध से भर गए, उसी पल आपका मन भ्रष्ट हो गया, एक छड़ भी नही लगा और आप बेचैन हो गए, अभी हत्या हुई नही है कर्म अभि हुआ नही है लेकिन फल मिल गया, आपका पूरा शरीर जलन और क्रोध से भर गया, सूक्ष्म फल कर्म के पहले ही मिल जाते हैं लेकिन हो सकता है स्थूल फल हत्या करने के बाद मिले, ठीक उसी तरह जैसे अपने किसी के लिए अच्छा करने का विचार किया उसी पल आपका मन सुख से भर गया, मन प्रसन्न हो गया, अभी आपने अच्छा कर्म किया नही है लेकिन उसका फल पहले ही मिल गया, आपका आनंदित हो गया और चेहरे की रंगत निखर गई, हो सकता है उस कर्म का स्थूल परिणाम भविष्य में मिले। कर्म का फल पहले आता है और कर्म बाद में, हो सकता है किसी की हत्या करने वाला कभी न पकड़ा जाए और ये भी हो सकता है की बहुत अच्छे काम करने वाले को कभी सम्मान न मिले, लेकिन हत्या करने से

पहले ही व्यक्ति अपने मन को बेचैनियों और तकलीफ़ से लाद देता है, हत्या से पहले ही उसका मन डर और चिंताओं से ग्रस्त हो जाता है, बुरे कर्म से पहले ही वो स्वयं को नर्क़ में धकेल देता है, और दूसरा व्यक्ति अच्छा कर्म करने से पहले सुख से भर जाता है, उसका जीवन ऊँचा उठ जाता है, उसे स्वयं पर गर्व अनुभव होता है, फिर चाहे कोई कर्म करने के बाद सम्मान दे या नही उसे फ़र्क़ नही पड़ता, उसने अच्छा कर्म करने के पहले ही आनंद प्राप्त कर लिया है। अच्छे कर्म का सम्मान और हत्यारे की सजा, ये सब सामाजिक व्यवस्था हैं इसे इंसान ने बनाया है, इस व्यवस्था का कोई ठिकाना नही है की कर्मो का फल मिलेगा भी या नही, इंसान का ही ठिकाना नही है तो फिर उसकी व्यवस्थाओं पर भरोशा करना व्यर्थ ही है, अगर इंसान स्वयं इतना अधिक विकृत और अधूरा है तब उसकी बनाई गई सब व्यवस्थाएँ भी सड़ी-गलीं होंगी, अमीर हत्या करने के बाद भी बच जाते होंगे और गरीब अच्छा काम करने के बाद भी जूते खाता होगा, लेकिन कर्म सिद्धांत किसी सुप्रीमकोर्ट में नही चलता, कर्म सिद्धांत अपना मल्लिक स्वयं है, उसे गरीब-अमीर में कोई फ़र्क़ नही है, उसे मतलब नही है की आप छोटी कार से चलते है या फिर बड़ी, कर्म-सिद्धांत गुरुत्वाकर्षण के जैसा है, छत से फ़ैंकने पर गरीब को भी नीचे खिंचेगा और अमीर को भी, ठीक उसी तरह कर्म-सिद्धांत भेद भाव नही करता, कर्म बाहर प्रगट होने से पहले ही, कर्म का फल इंसान को दे देता है, व्यक्ति चाहे या न चाहे कर्म का फल उसे भोगना ही पड़ता है, और एक आदमी का कर्मफल सिर्फ़ उसे ही नही मिलता बल्कि सारी दुनिया को मिलता है क्यूँकि पूरा ब्रम्हाण्ड आपस में जुड़ा हुआ है, पूरा संसार एक दूसरे की सहायता से आगे बढ़ता है, जिसे संदेह है उन्हें इकॉलजी के विज्ञान का अध्यन करना चाहिए। अगर एक व्यक्ति के मन में किसी की हत्या करने का विचार उठ रहा है तब उसका समाज भी भ्रष्ट होगा जिसकी वजह उसके मन में ग़लत कर्म करने के विचार उठ रहे हैं, और अगर समाज भ्रष्ट है तब उस व्यक्ति के कर्म का फल

समाज को भी मिलेगा, ठीक उसी तरह अगर कोई व्यक्ति गरीब को शिक्षा और पेड़ पौधों की रक्षा का विचार करता है तब उसके कर्मो का फल पूरे सामज के साथ पसु पक्षियों को भी मिलता है।

पुनर्जन्म के कर्मो का फल - कर्मफल का सिद्धांत केवल समय की धारा में काम करता है, जब तक जीवन है तब तक कर्म होंगे और तभी तक कर्मफल मिलेगा, मौत के बाद न समय होगा न कर्म न कर्मफल। पुनर्जन्म की कथा मनुष्यों द्वारा फैलाया गया भ्रम मात्र है, इंसान समय के अंतर्गत जीता है, बचपन के बाद जवान होता है फिर बूढ़ा होता है इस बदलाव को देख कर उसे भ्रम हो जाता है की मरने के बाद भी कुछ तो होगा, और फिर इंसान पुनर्जन्म की कल्पनायें गढ़ता रहता है, इंसान की बुद्धि सीमित है उसका समय भी सीमित है जिसके कारण उसे समय के पार का कुछ पता नही है, एक बादल उड़ते हुए बहुत ऊपर पहुँच जाता है, हवा में उड़ते उड़ते एक दिन उसके मिटने का समय आने लगता है तब वो डर के कारण पुनर्जन्म की कल्पनाओं में डूब जाता है लेकिन, उसे अपने आगे का कुछ पता ही नही, उसे आकाश के बारे जानकारी ही नही, सैकड़ों बादल आते-जाते रहते हैं लेकिन आकाश वही का वही रहता है क्यूंकि सारे बदलो का अस्तित्व आकाश के भीतर ही है। इंसान इतना अधिक भयभीत और अहंकार से भरा हुआ प्राणी है जिसकी कोई सीमा नही, हर इंसान मन की गहराई में ये सोचता रहता है की दूसरे मरते होंगे मै नही मरूँगा और जब मौत सामने आ जाती है उसके बाद भी इंसान अपनी अकड़ नही छोड़ता, उसे लगता है मेरे बिना ये दुनिया कैसे चलेगी तब वो पुनर्जन्म जैसी कहानियाँ फैलाता है, इंसान उन्ही बादलों जैसा है, अनगिनत बादल बनते और मिटते रहते हैं इससे आकाश को फ़र्क नही पड़ता, बादल स्वयं को अलग मान कर भयभीत रहता है और झूठी कल्पनाएँ करता है, इंसान तर्क देता है की अगर पुनर्जन्मों का फल नही मिलता तब एक आदमी अमीर घर में पैदा क्यूं होता है और दूसरा गरीब घर में, कोई विकलांग क्यूं होता

है और कोई स्वस्थ क्यूँ? ऐसी बातें करके इंसान अपने अहंकार को मज़बूत करता है, जो अमीर घर में पैदा हुआ उसने पिछले जन्म में पुण्य किया था और गरीब-विकलांग आदमी ने पाप किया था, इंसान की कल्पनायें उसके बुद्धि की तरह छोटी होती हैं लेकिन उसे अपनी मूर्खता का पता नही होता, बाँदल जब वर्षा करते हैं तब पानी की कुछ बूँदे नाले में गिरती हैं, कुछ नदियों में, कुछ बूँदे हवा में भाप बनके उड़ जाती हैं, और कुछ बूँदे सागर में गिरके मोती बन जाती हैं, इसमें न तो बूँदो का कोई दोष है न तो बादलों का ये तो संयोग की बात है। नदी की धारा लगातार बहती रहती है कोई उसी पानी का उपयोग नहाने में करता है, तो कोई शौच के लिए, उसी नदी का पानी घर में पूजा के काम आता है और वही जल नाले में पहुँच जाता है, नदी बिना रुके सतत बहती रहती है लेकिन, उसके जल का उपयोग संयोग बस अलग-अलग जगह होता रहता है इसमें नदी का कोई हाथ नही लेकिन सारी बूँदो का अस्तित्व नदी ही है, ये बूँदो की मूर्खता है वो सोचती है की शायद उसने कोई पाप किया था इसीलिए नाले में सड़ रही है और शायद उसने पिछले जन्म में पुण्य किया इसीलिए उसे मंदिर में रखा गया है। अगर कोई बच्चा मानसिक रोगी या फिर बीमार पैदा होता है तो उसकी वजह पिछले जन्म के कर्म नही है, उस बच्चे की बीमारी की वजह आज की दुनिया आज का समाज है, हमने दुनिया में इतना प्रदूषण फैलाया है जिसके कारण बच्चे को लंग-कैन्सर हुआ है, हमने ध्वनि-प्रदूषण (noise pollution) किया है जिसकी वजह से बच्चे का शरीर विकसित नही हो पाया और वो विकलांग पैदा हुआ है, समाज ने गरीब अमीर के नियम बनाएँ हैं, जिसकी वजह से इंसान स्वयं को हीन समझता है, दुनिया में फैली सारी बीमारियों और दुखो का कारण स्वयं समाज ही है, लेकिन खुद की कमी को छुपाने के लिए, स्वयं को सही साबित करने के लिए, पुनर्जन्म जैसी खोखली प्रथाओं का समाज प्रचार करता है, किसी बीमार को देख के समाज कह देता है की ज़रूर इसने पिछले जन्म में पाप किए होंगे और अपनी

कमियों को अपनी लापरवाहियों को अपने अपराध को छुपा देता है, समाज के कर्मों का फल समाज भी भोगता है और आने वाली पीढ़िया भी, जिन कल्पनाओं में झूठी परंपराओं में समाज जीवन व्यतीत करता है और दुःख दर्द की ज़िंदगी जीता है, उसी परंपराओं और बीमारियों को आने वाली पीढ़िया पकड़ लेती हैं, कोई साहसी और विद्रोही व्यक्ति ही सारी झूठी कल्पनाओं और बीमारियों को लात मार कर सत्य के लिए कर्म करता है।

इस अध्याय में हमने कर्मफल के सिद्धांत को जाना, कर्म से जुड़े हुए अंधविश्वासों को दूर किया, कर्मफल के नियम को समझा, कर्म की आवश्यकता क्या है हमने देख लिया, अब हमें कर्मफल से आगे निकलना है। जब तक जीवन है तब तक कर्म हैं और उनके फल भी हैं आपके द्वारा किया गया कर्म ही बंधन है, जीवन के रहते हुए बंधनो से आज़ादी कैसे पाएँ, कर्म के चक्र से बाहर कैसे निकलें, स्वयं की बनाई गई मानसिक सीमा को लांघ कर खुद को अनंत के साथ कैसे जोड़े, कर्मों की निर्धारित ग़ुलामी से स्वतंत्रता हासिल कैसे करें? इन सब प्रश्नो के उत्तर के लिए हमें अध्यात्म की तरफ़ बढ़ना पड़ेगा, सामाजिक और खोखला अध्यात्म नही बल्कि वास्तविक अध्यात्म को जानना होगा, हम सरीर नही हैं हम बोध हैं आत्मा हैं सत्य हैं पूर्ण हैं, और आत्मा तो कोई कर्म नही करती आत्मा तो मरती भी नही आत्मा तो साश्वत है, आत्मा का कोई नाम नही नही है, आत्मा जन्म भी नही लेती, समय भी आत्मा को बांध नही सकता, जो निराकार है, अनाम है, अकाल है, फिर भी सभी कारणों का कारण वही है, जो असीम है लेकिन सब कुछ उसी की सीमा में है, कर्म जिसे छू नही सकते लेकिन सभी कर्म उसी की आज्ञा से होते हैं, उस आत्मा को पहचानने के लिए, अपने वास्तविक स्वरूप को जानने के लिए, जो सबसे बड़ा है जिसे जानने के बाद सारी प्यास मिट जाती है उसे पाने का एक ही रास्ता है, अध्यात्म (कोहम) , अध्यात्म का अर्थ है अपनी खोज, स्वयं के वास्तविकता की खोज, अगले अध्याय में हम अध्यात्म को साथ में जानने का प्रयास करेंगे।

अध्याय 17

तुम कुछ कर नही सकते।

निष्काम-कर्म, कर्मो की अंतिम कक्षा है जिसे कृष्ण ने अर्जुन से कहा था, निष्काम कर्म केवल अध्यात्म को जानने वाला व्यक्ति ही कर सकता है उसके अतिरिक्त और कोई नही, अध्यात्म आम आदमी के लिए नही है, जो व्यक्ति अपनी रोज़ मर्रा की ज़िंदगी में खुश है, जो सस्ती सब्ज़ी ख़रीद कर खुश है, जो पड़ोसियों कि चुग़ली कर के खुश है, जो समाजिक नैतिकता का ढोंग करके खुश है, जो अपनी वर्तमान हालत से खुश है, जिसे छोटी बातों और छोटे मुद्दों में तृप्ती मिल जाती है, अध्यात्म उनके लिए नही है, ...अध्यात्म उनके लिए है जिन्हें समाज की और स्वयं की दुर्दशा दिखने लगी है, जिन्हें दिखने लगा है की उनका जीवन कितना घटिया और दुःख से भरा है, जिन्होंने मान लिया है की बाज़ार में उन्हें असली सामान नही मिलने वाला, जिन्होंने छोटी चीजों और छोटे मुद्दों का खोखलापन देख लिया है, जिन्होंने नक़ली और छोटे सुखों को लात मार दिया है, जो सीमित जीने के लिए तय्यार नही हैं, जिन्हें बड़े से बड़ा सुख चाहिए, जिन्हें अनंत संभावनाओं में जीना है, जिन्हें ऊँचाइयों में जीना है अध्यात्म केवल उनके लिए है। मै आम आदमियों को इससे दूर रहने की सलाह देता हूँ क्यूँकि अगर बिना साहस और श्रद्धा के कोई इस मार्ग में घुसने का प्रयाश करता है तब उसकी बुरी मौत होती है, न तो वो बाज़ार का रह जाता न उसके बाहर का, जो स्वयं को मिटाने के लिए तय्यार है उसका स्वागत है, जो स्वयं का नाम स्वयं की पहचान स्वयं के संस्करों को आग लगाने के लिए तत्पर है उसका स्वागत है। अध्यात्म का मतलब है 'नकार' जो मै नही

हूँ फिर भी सामज के कारण, संस्कारों के कारण, दूषित शिक्षा के कारण बना बैठा हूँ, उन सब का नकार, सारे झूठों का त्याग ही अध्यात्म है। मै अपनी बेचैनी और परेशानी का स्वीकार करूँगा, घटिया संस्कारों के कारण नैतिकता नही दिखाऊँगा, जो अंधविश्वास है जो फ़रेब है उन सभी का विरोध करूँगा भले ही अंधविश्वास फैलाने वाले मेरे अपने ही क्यूँ न हों, अध्यात्म एक ऐसी तलवार है जिससे सारे झूठ सारे अंधविश्वास सारे फ़रेब काटे जाते हैं, लेकिन अध्यात्म का मार्ग आम आदमियों के रास्ते से अलग है, अध्यात्म के यूद्ध नियम अलग हैं, संसार के यूद्ध में अगर राजा को मारना है तो उसके लिए सबसे पहले बाहर खड़े सिपाहियों को मारना होगा और जब भीतर जाने का रास्ता साफ़ हो जाएगा तब राजा को मारा जा सकता है, लेकिन अध्यात्म में पहले भीतर बैठे शत्रु-राजा को मारना पड़ता है उसके बाद बाहर कुछ करना है ये अनिवार्य नही है, सबसे ज़रूरी है अंदर बैठे शत्रु को मारना, दुनिया की लड़ाई बाहर से शुरू होती है और आध्यात्मिक यूद्ध भीतर से, आध्यात्मिक लड़ाई स्वयं के प्रति, स्वयं की हालत के प्रति विद्रोह है, आध्यात्मिक योद्धा वो है जो कहता है की इन निर्बलताओं के साथ कमज़ोरियों के साथ नही जीना है, घाटियाँ और सीमित जीवन नही जीना है, स्वाँग और झूठ का जीवन नही जीना है। स्वयं की दुर्दशा को मिटाने के लिए यूद्ध करना ही अध्यात्म है, बचपन से आज तक जो हम स्वयं को मानके बैठे हैं उन सब की जाँच करनी है और फिर जो झूठा है खोखला है उन सब को बिना मोह के त्याग देना है, बचपन से आज तक हम डर में कमजोरी में जीते रहे हैं जिसकी वजह मन ने डर और कमजोरी के साथ झूठा रिश्ता बना लिया है इस रिश्ते को तोड़ना ही अध्यात्म है, इंसान हर पल इस डर में जीता है की उसका कुछ खो जाएगा उसका कुछ मिट जाएगा ऐसी मानसिकता से बाहर निकलने का नाम ही अध्यात्म है, हम बचपन से जिस डर में जिस गुलामी में जीते हैं जिसे खोने का डर हमेशा मन को घेरे रहता है, उनके खो जाने पर उनके मिट जाने पर भी हमारा कुछ नही बिगड़ता, चाहे सब मिट

जाए फिर भी हम नही मिटते, कई बार हमने इन सब घटनाओं का अनुभव किया है, फिर भी हमारा मन डर, कमजोरी और ग़ुलामी की मानसिकता छोड़ नही पाता, मन के प्रपंच को हटाना ही अध्यात्म है, अध्यात्म कोई रूढ़िवाधिता नही है, न अध्यात्म कोई परम्परा है, न तो कोई कर्म-कांड है, अध्यात्म एक बहती धारा है जिसमें नहाने के बाद सारी गंदगी सारा मैल सारी बदबू मिट जाती है, जिसके बाद सिर्फ़ शुद्ध चेतना बचती है, जो आप है केवल वो बचता है, कई सालो से डर और कमजोरी की मैल को इंसान ख़ुद का अंग मान लेता है जिसकी वजह से डर की, बीमारी की, और कमजोरी की हालत में जीता है, लेकिन अध्यात्म की नदी के प्रवाह में जो झूठा है, जो घटिया है, वो सब बह जाता है औत तब व्यक्ती एक अलग आयाम में प्रवेश करता है, द्विज हो जाता है, अध्यात्म की नदी में नहाने के बाद इंसान का नया जन्म होता है और इस जन्म की बात कुछ ख़ास होती है, इंसान डर ग़ुलामी कमजोरी को त्याग कर एक स्वतंत्र जीवन जीता है। जिसे अभी सब कुछ सही लग रहा है, जो अपने जीवन से संतुष्ट है, जिसके मन में जीवन को लेके कोई सवाल कोई विद्रोह नही है, उसे अध्यात्म की कोई ज़रूरत नही है, अध्यात्म एक दवा है, जिसे अपनी बीमारी दिखने लगती है वो दवाई भी खोज लेता है, लेकिन जिसे बीमारी का कुछ पता ही नही उसे दवाई मिल भी जाएगी तो उसका ग़लत उपयोग करेगा। कई सालों के अभ्यास से हमने जो धूल स्वयं पर उड़ेली है उसी धूल-धक्कड़ को झाड़ कर अपने वास्तविक रूप में आना ही अध्यात्म है।

तुम करने वाले नही हो- आपका जन्म भी आपकी इक्षा से नही हुआ है अपनी मौत भी आप निर्धारित नही कर सकते हैं, आपका सरीर में जो कुछ क्रियाएँ हो रही है उसके मलिक भी आप नही हैं, न भूक आपकी मर्ज़ी लगती न खाना आपकी इक्षा से पचता है न तो चेहरे का रंग आपने तय किया है, साँस भी अपनी मर्ज़ी से आप नही ले सकते, आपके साथ आज तक जो कुछ हुआ है आपने उसे नही किया है और जो हुआ है उसे आप रोक भी नही पाए हैं, आगे

भी न आप कुछ कर पाएँगे और न ही उसे रोक पाएँगे, शायद इतने उदाहरण पर्याप्त होने चाहिए ये समझने के लिए की आप करने वाले नही है, फिर भी हर इंसान ये चौबीस घंटे ये क्यूँ कहता है की मैंने ये किया मैंने वो किया मै मै बहुत कुछ कर सकता हूँ, तुम घंटा कुछ नही कर सकते।

पंजाब के एक गाव में सौरभ नाम का लड़का था उस गाँव के अधिकतर लोग विदेश में नौकरियाँ करते थे, ज़्यादातर बच्चे, बचपन से ही विदेश जाने के सपने देखने लगते थे, पूरे गाव का माहौल ही कुछ ऐसा था की विदेश में नौकरी करना सम्मान की बात मानी जाती थी, जब कोई छुट्टियों में विदेश से वापस आता तब गाव वाले उसका सम्मान करते उत्सव मनाते, ये सब देख कर गाव का हर बच्चा वही सम्मान चाहता था, जिनमे से एक सौरभ भी था, कुछ साल बीतने के बाद सौरभ ने अपनी पढ़ाई पूरी की और विदेश जाने के लिए पैसे जोड़ने लगा, उसने पार्ट-टाइम काम किया और कुछ समय के बाद पैसे इकट्ठे कर लिए, विदेश में रहने वाले उसके गाव के व्यक्तियों ने पासपोर्ट और वीज़ा बनवाने में उसकी सहायता की, जिसके बाद वो दिन नज़दीक आने लगा जिसके इंतज़ार में सौरभ सालों से था। सौरभ की फ़्लाइट बुक हो चुकी थी जिसे दिल्ली से उड़ान भरना था, गाव से दिल्ली 12 घंटे की दूरी पर था, परसों सौरभ को गाव के नज़दीक वाले स्टेशन से ट्रेन पकड़ कर दिल्ली पहुँचना था, दिल्ली जाने के एक रात पहले सौरभ रात भर सोचता रहा की ये सब जो रहा है उसकी मेहनत का फल है, कभी सोचता मैंने सब इंतज़ाम किए मैंने सारी परेसानियाँ सहीं मैंने सब कुछ किया जिसकी वजह से मै विदेश जा रहा हूँ, सौरभ ये सब सोच ही रहा था तब तक भोर होने लगी, सुबह होते होते बारिश शुरू हो गई तूफ़ान आने लगा, 10बजे सौरभ को ट्रेन में बैठना था लेकिन मौसम और अधिक ख़राब होने लगा किसी तरह सौरभ अपने दोस्तों के साथ तेज बारिश में भींगता हुआ स्टेशन पहुँच गया, वहाँ पहुँच कर उसे पता चला की ख़राब मौसम के कारण ट्रेन कुछ घंटे देर से चलेगी, सौरभ परेशान हो गया उसे कुछ समझ नही आ

रहा था कुछ घंटे इंतज़ार करने के बाद उसे पता चला की आज की सारी ट्रेनें रद्द हो गई हैं, सौरभ विचलित मन से बस अड्डे की तरफ़ भागने लगा, जैसे जैसे समय बीत रहा था सौरभ का तनाव भी बढ़ रहा था, किसी तरह उसे एक बस मिली जो दिल्ली जा रही थी, बस में सिर्फ़ दो ही यात्री थे सौरभ और एक लड़की, सौरभ पूरी तरह से भीगा हुआ और परेशान था, उस लड़की ने सौरभ से उसकी स्थिति के बारे पूछा और दोनो आपस में बात करने लगे, बाहर बारिश और तूफ़ान बहुत तेज था जिसकी वजह से ड्राइवर बस को धीरे ही चला रहा था, सौरभ ने कई बार झल्ला कर ड्राइवर को तेज चलने के लिए कहा लेकिन, तूफ़ान इतना अधिक था की कुछ किया नही जा सकता था, समय बीत गया और उसकी फ़्लाइट छूट गई, कई सालों की मेहनत से उसने जो पैसे जोड़ कर वीज़ा लगवाया था और फ़्लाइट बुक की थी वो सब दो पल में खाक हो गए, कुछ घंटो तक सौरभ बस में उदास बैठा रहा, उसकी हालत देख कर उस लड़की ने उसे सांत्वना दी उसे समझाया, दोनो आधी रात में दिल्ली पहुँचे सौरभ ने सोचा आज रात अपने दोस्तों के यहाँ रुक कर सुबह गाव निकल जाऊँगा, लेकिन ख़राब मौसम के कारण दोनो लोगों को टैक्सी नही मिल रही थी, सौरभ के साथ उस लड़की की पहचान हो गई दोनो आपस में बात करने लगे, कुछ देर बाद उन्हें किसी तरह एक टैक्सी मिली, सौरभ लड़की को रात में अकेले नही छोड़ना चाहता था जिसकी वजह से उसने तय किया की पहले उसे उसके घर छोड़ेगा फिर अपने दोस्तों के यहाँ जाएगा, दोनो साथ में जाने लगे, रास्ते मे एक चाय की टपरी दिखी जिसका मल्लिक तूफ़ान के कारण सो नही पाया था, सौरभ ने लड़की से चाय के लिए पूछा दोनो ने चाय पीते हुए जीवन के बारे में बहुत सारी बातें की और फिर लड़की का घर आ गया, लड़की के घरवाले भी उसकी वजह से जागे हुए थे और उसका इंतज़ार कर रहे थे, लड़की ने सौरभ से कहा की उसे उसके घरवालों से मिलकर जाना चाहिए, सौरभ उसके घरवालों से मिला लड़की ने घरवालों को बताया कि सौरभ

उसकी मदद के लिए उसके साथ यहाँ तक आया है। कुछ सालों बाद सौरभ की उसी लड़की के साथ शादी हो गई, सौरभ उस लड़की के कारण दिल्ली में रहने लगा और एक व्यापार की शुरुआत की धीरे धीरे सौरभ बड़ा व्यापारी बन गया, लोग सौरभ की सफलता का राज पूछते तब सौरभ कहता की ये सब उसकी मेहनत का परिणाम है, सौरभ कहता मैंने ज़ीरो से इतना बड़ा साम्राज्य खड़ा किया है, सौरभ के बच्चे उससे पूछते की हम इस दुनिया में कैसे आए तब सौरभ कहता की मैंने तुम्हारी माँ से प्रेम किया था, जिसकी वजह से तुम आए हो, सौरभ का पूरा ख़ानदान बन गया। अगर उस रात तूफ़ान नही आता तब सौरभ की ट्रेन नही छूटती, तूफ़ान की वजह से उसे बस पकड़नी पड़ी जिसमें उसे लड़की मिली, तेज बारिश नही होती तब दोनो को अलग अलग टैक्सी मिल जाती, तूफ़ान नही आता तब चाय वाला भी नही दिखता, ख़राब मौसम के कारण ही घर वाले भी बेटी को लेके परेशान थे और जागे हुए थे, सब कुछ तूफ़ान और बारिश की वजह से हुआ था, ख़राब मौसम ने ही सारी परिस्थितियाँ बनाई थी, उसी तूफ़ान के कारण एक ख़ानदान तय्यार हो गया, उधर सौरभ कहता फिरता है की व्यापार उसने किया जो उसे करना नही था, प्यार उसने किया जो की घटनाओं ने करवाया था।

पूरे दुनिया में ऐसा कोई नही है जो कुछ कर सकता है फिर भी हर इंसान स्वयं को करने वाला मान कर दुःख भोगता रहता है, जब इंसान मान लेता है की उसने किया तब कर्मों का परिणाम भी उसे ही भोगना पड़ता है, न इंसान कुछ कर सकता न कुछ रोक सकता है फिर भी बीच में स्वयं को करने वाला मान कर खड़ा हो जाता है, जिसकी वजह से इंसान का पूरा जीवन नर्क बन जाता है, दो लोग साँप-सीढ़ी का खेल खेलते हैं लेकिन गोटी अपने आप को करने वाला मान कर कभी डरती है, कभी बेचैन होती है, कई बार चालाकियाँ सोचती है, लेकिन उसे पता ही नही है की खेलने वाला कोई और है गोटी उछालने वाला कोई और है। समुद्र लहर को उठाता है और फिर उन्हें मिटा भी

देता है, लहरे अपने आप को मलिक मान लेती हैं, स्वयं को समुद्र से अलग समझने लगती हैं, पर उनके समझने से सत्य नही बदलेगा जो पानी सागर में है वही लहरों में भी है लेकिन लहरें खुद को अलग मान कर सागर का विरोध करती हैं जिसकी वजह से उन्हें कष्ट सहना पड़ता है। इंसान भी कर्मो का मालिक स्वयं को मान लेता है, ऐसा मान कर खुद को अस्तित्व से अलग कर देता है जो कि असम्भव है, फिर भी खुद को अलग मानने से उसे अनगिनत यातनाएँ झेलनी पड़ती हैं, जानने वाले कहते हैं की सहज जीवन को स्वीकार करो जो हो रहा है उसे रोकों मत और जो नही हो रहा उसे करने की कोशिश मत करो, भूख लगती है तो भोजन करलो, नीद लगती है तो सो जाओ, न तो भूख को रोकों न तो बिना भूख के खाओ, सरलता से अस्तित्व के साथ अपने सम्बंध को पहचान लो, कुछ लोग सोच रहे होंगे की इसका मतलब है कुछ नही करना है? कुछ ना करना एक बाधा है, पहले लहर मिटने से डरती थी अब लहर उठने से डरी हुई है, बात एक ही है, अर्जुन युद्ध नही करना चाहता है उसे लगता वो युद्ध को रोक सकता है, युद्ध के इनकार में भी कर्ताभाव बना हुआ है, जो नही हो रहा उसे करने वाला जितना दुःख सहता है उतना ही दुःख वो भी सहता जो हो रहे कर्म को रोकता है, अगर सामने युद्ध की स्थिति है तब घनघोर युद्ध ही सहज धर्म है उसमें बाधा मत बनो, और अगर चारो तरफ़ शांति का माहौल है तब जबरन युद्ध की तय्यारी मत करो, भीतर संगीत उठ रहा है तब गाओ उसे रोक कर तुम साबित करना चाहते हो की तुम करने वाले हो, रोना आए तो रोलों, नाचलो सामने कोई काम हो उसे करलो उसे रोकने का प्रयास मत करो, तुम कुछ मत करो क्यूँकि तुम कुछ कर भी नही सकते हो, न चेष्ठा करो न तो बाधा बनो। अगर कर्मो के मलिक तुम बनोगे तब उसकी सजा भी तुम्हें मिलेगी, जैसे कोई कर्म हुआ और तुमने स्वीकार लिया की करने वाले तुम नही हो तब उस कर्म का ग़लत परिणाम भी तुम नही सहोगे क्यूँकि करने वाले तुम नही थे, जो करने वाला है वही भोगेगा भी तुम हो ही नही, ठीक

इसी के विपरीत अच्छा परिणाम आने पर वही भोगेगा जो करने वाला है तुम हो ही नही, तुम जब कहते हो की मैंने किया तब उस कर्म का ग़लत परिणाम भी तुम्हें ही भुगतना पड़ता है, तुम नही हो इस महान रहस्य को जान लेना ही मुक्ति है, समुद्र की मलिक लहरे नही हैं, न तो सागर लहरों का मलिक है, कोई भी मलिक है ही नही, सागर ही लहर है, अगर लहर स्वयं को अलग मान कर भयंकर दुःख सहती तब ये उसका अज्ञान है, उसी अज्ञान को मिटाने का नाम अध्यात्म है, अध्यात्म लहरों को बता देता है की तुम फ़िज़ूल में स्वयं को अलग मान कर मलिक बनी हुई हो और दुःख झेल रही हो, अध्यात्म लहरों को उसकी सच्चाई दिखा देता है जिसे जानने के बाद सारे दुःख अपने आप समाप्त हो जाते हैं और मनुष्य आनंद में ठहर जाता है।

निष्काम कर्म - जब इंसान जान लेता है की वो करने वाला नही है, जब इंसान कर्ताभाव से मुक्त हो जाता है तब जन्म होता निष्कामता का, निष्काम कर्म ऐसा कर्म है जिसे करने पर भी इंसान कर्म के फलो से आज़ाद रहता है, आपने बहुत सारी कहानियाँ सुनी होंगी की जो इंसान अच्छा कर्म करता है वो स्वर्ग जाता है वहाँ सुख भोग कर फिर से जन्म लेता है और पाप करने वाला नर्क़ जाता है वहाँ की सज़ा भुगत कर फिर से जन्म लेता है, ये सारे क़िस्से-कहानियाँ इसारा करते हैं की जो अच्छे की कामना करता है उसे भी बार-बार जन्म लेना पड़ता है और जो पाप करता है उसे भी बार-बार उसी दुनिया में जन्म लेना पड़ता है और जो पाप करता है उसे भी बार-बार उसी दुनिया में जन्म लेना पड़ता है, दिखने में दोनो अलग हैं लेकिन हैं एक ही, जैसा कि पीछे हमने समझा था इंसान स्वयं को मिटाने से इतना डरता है की पुनर्जन्म जैसी कल्पनायें करता है, पुनर्जन्म तो झूठ है लेकिन इसी जीवन में हमारे कई जन्म होते हैं, याद करिए जो आप दस वर्ष की उम्र थे क्या आज भी वही हैं, बचपन में जो सपने थे बदल गए, बचपन में जो चीजें पसंद थी अब उनकी याद भी नही है, विज्ञान कहता की कुछ सालों के अंतराल में शरीर की सभी पुरानी कोशिकाएँ मर जाती

हैं और उनकी जगह नई कोशिकाओं का जन्म हो जाता है, हम रोज़ बदलते रहते हैं, हमारी सोच का, हमारे शरीर का, हमारे विचारो और सपनो का, रोज़ बदलाव हो जाता है। समय को दूर से देखने पर चीजें साफ़ दिखाई देती हैं की हम पूरी तरह बदल गए हैं, लेकिन नज़दीक से देखने पर हम बदलाव को जान नही पाते, हर पल हमारा नया जन्म होता है, ये स्वर्ग-नर्क की कहानियाँ, जीवन मृत्यु के चक्र की बातें ये सभी इसी एक जीवन में हो रहे इंसान के अनेको जन्म की तरफ़ इशारा करते हैं, आज तुमने कुछ अच्छा किया, तुम ख़ुशी से भर गए की आज मैंने कुछ अच्छा किया और कुछ समय बाद फिरसे उसी हालत में आ गए जहां से अच्छा भी कर सकते हो और बुरा भी, तुमने कुछ बहुत बुरा कर दिया, तुम्हारा मन आग में जलने लगा तुम बेचैन और परेशान हो गए तुम्हें रात भर नीद नही आई, कुछ दिनो बाद फिरसे पुरानी स्थिती में पहुँच गए जहां बुरा भी कर सकते हो और अच्छा भी, यही स्वर्ग नर्क का खेल है, यहीं ख़ुशी भी मिल गई और नर्क की आग भी, तुम कुछ भी करने के बाद उसी हालात में पहुँच जाते हो जहां तुम्हारे पास विकल्प हैं, उसे ही जीवन मृत्यु का चक्र कहते हैं, तुम बार-बार घूम के वही पहुँच जाते हो। कुछ लोग इस खेल को समझ गए इसलिए उन्होंने कहा की स्वर्ग और नर्क सब यहीं हैं, लेकिन उसके आगे का उन्हें कुछ पता नही था, जिसकी वजह से अनेको क़िस्से कहानियाँ गढ़ दी, अनेको परम्पराएँ छोड़ गए, जो पूरे विश्व में आज अंधविश्वास के रूप में फैली हुई हैं, उन्हें अच्छे-बुरे से आगे का ज्ञान ही नही था, सही ग़लत से आगे उनकी सोच नही जा सकी, दैत्य-दानव बनाए, डेविल-गॉड की कल्पनाएँ रची, शैतान और ईश्वर बनाएँ, लेकिन कभी उसके आगे उनकी समझ ने विकास नही किया, कुछ धर्म वालों ने अपनी बनाई कहानियों को अंतिम सत्य मान लिया, जिसकी वजह आगे बढ़ने का रास्ता ही बंद हो गया, बाक़ी के लोग जिन्होंने अपने बोध को आगे बढ़ाने का प्रयास किया, उनकी धर्मवादियों ने हत्याएँ कर दी, लेकिन एक कहावत है की चाहे पूरा घर जल जाए लेकिन उसकी राख

बची रहती है, भारत की भूमि में कुछ ऐसे लोगों ने जन्म लिया जिन्होंने आगे की यात्रा पूरी की।

मोक्ष- भारत की भूमि में कुछ ऐसा घटित हुआ जो अकल्पनीय था, भारत में ऐसे दर्शन ने जन्म लिया जिसका बोध हो जाने पर व्यक्ति पूरी तरह अधूरेपन और खोखलेपन से मुक्त हो जाता है, ऐसे व्यक्तितियों ने जन्म लिया जिन्होंने स्वर्ग और नर्क के चक्र से आगे की यात्रा पूरी की, चाहे कृष्ण हो चाहे बुद्ध, चाहे उपनिषदों के ऋषि या फिर कबीर और नानक ये सब ऐसे नाम है जिन्होंने जीवन और मृत्यु के पूरे खेल को समझ लिया और उसे लांघ गए, उन्होंने स्वर्ग-नर्क को एक जान लिया, दुःख और सुख एक ही है इसकी सच्चाई दिख गई, जन्म-मृत्यु में कोई अंतर नही है उन्हें पता चल गया, ये समझ ही क्रांति है, ऐसे बोध के बाद जीवन में बिस्फोट होता है, कुछ ऐसा होता है जिसे शब्दों में कह पाना सम्भव नही है, उसे केवल वही जान सकता है जिसके साथ घटना घटी है, जब हमें पता चलता है की हम न तो अच्छा कर रहे हैं, न हम बुरा कर रहे हैं, हम न कुछ कर सकते हैं, न हम कुछ रोक सकते हैं, ऐसा बोध होने पर हमारा अहंकार, जो दीवार बन के अस्तित्व के बीच खड़ा था वो मिट जाता है, और उसके मिटने पर इंसान पूर्ण हो जाता है। जब हम समझ जाते हैं की करने वाले हम नही है तब अच्छे और बुरे कर्म का फल उसे मिलेगा जो उसे करने वाला है, आपको नही, क्यूंकि आप मलिक नही हैं, स्वर्ग और नर्क वो जाता हैं जो पाप और पुण्य करता है लेकिन आप तो कुछ करते ही नही तब आप न स्वर्ग जाएँगे न तो नर्क, जन्म और मृत्यु उसकी होती है जो कर्म करता है लेकिन आप तो कुछ करते ही नही, आप जान गए हैं की करने वाले आप नही है कोई और है, तब जन्म और मृत्यु भी आपकी नही होगी उसकी होगी जो करने वाला है जो मलिक है, इस महान रहस्य को जान कर साधारण मनुष्य भी अमर हो जाता है, साधारण इंसान भी स्वर्ग-नर्क, सुख-दुःख, जीवन-मृत्यु से बाहर निकल कर मोक्ष को प्राप्त होता है, सब देखता हुआ सब खाता हुआ

सब सुनता हुआ सब करता हुआ, और आराम से सोते हुए भी जानता रहता है की करने वाला वो नही है।

"तुलसी भरोसे राम के, निर्भय होके सोय
"अनहोनी होनी नही, होनी होय सो होय।।

जो जान गया है की न मैं मलिक हूँ न कोई दूसरा मेरा मलिक है ऐसा व्यक्ति पूर्ण है, अगर हम अपने आप को मलिक मानते है तो हमने किसी को अपने से अलग मान लिया, और यदि किसी दूसरे को अपना मलिक मानते है तब भी किसी को अलग मान लिया, मोक्ष का अर्थ है अब कुछ अलग नही दिखता, यहाँ एक ही है कोई दूसरा है ही नही, जो दूसरा दिखाई देता था वो मेरा अज्ञान था, लेकिन जब ज्ञान हुआ तब दूसरा भी उसी एक एक में समा गया...जड़, पत्ते, डालियाँ अलग नही हैं इसका पता चल गया, पेड़ जान गया कि वो पूर्ण है सब एक हो गया सब अद्वैत हो गया।

ॐ पूर्णमदः पूर्णमिदम् पूर्णात् पूर्णमुदच्यते।
पूर्णस्य पूर्णमादाय पूर्णमेवावशिष्यते।।
ॐ शान्तिः शान्तिः शान्तिः।।

तुम पूर्ण हो जैसे सब कुछ पूर्ण है, शून्य में कुछ जोड़ने और घटाने पर शून्य वैसा ही रहता है, ठीक उसी तरह पूर्ण से पूर्ण निकालने पर पूर्ण ही बचता है, और अनंत में अनंत जोड़ने पर अनंत ही बचता है, उस अनंत और पूर्ण में रत्ती भर कुछ बदलता नही है, तुम वही अनंत हो और पूर्ण हो जैसे बाक़ी सब भी अनंत और पूर्ण हैं ऐसा जान कर....शांति को प्राप्त करो।